Texte zum Dokumentarfilm 24

herausgegeben von der Dokumentarfilminitiative
im Filmbüro NW

Luc Dardenne

Die Rückseite unserer Bilder I

(1991–2005)

herausgegeben von
Marcus Seibert

Vorwerk 8

Texte zum Dokumentarfilm 24
herausgegeben von der Dokumentarfilminitiative im Filmbüro NW
Redaktion: Judith Funke

gefördert von:

Ministerium für
Kultur und Wissenschaft
des Landes Nordrhein-Westfalen

Bild-Kunst

Bibliografische Information der Deutschen Nationalbibliothek
Die Deutsche Nationalbibliothek verzeichnet diese Publikation in der Deutschen Nationalbibliografie; detaillierte bibliografische Daten sind im Internet unter http://dnd.d-nb.de abrufbar.

Collection »La Libraire du XXIe siècle«
sous la direction de Maurice Olender

www.vorwerk8.de
übersetzung | marcus seibert
lektorat | tobias roth
layout | t616 [veruschka götz] berlin
satz | lena ures | berlin
druck | weiterverarbeitung | interpress | budapest

isbn | 978-3-947238-45-3

INHALT

Marcus Seibert

VORWORT

Rückenansichten

Der vorliegende Band scheint aus der Buchreihe der Dokumentarfilminitiative herauszufallen, kommen hier doch Filmemacher zu Wort, die sich auf Spielfilme spezialisiert haben. Ganz im Geist der Videobewegung, die durch erste portable Kameras Ende der sechziger Jahre möglich wurde, haben die Gebrüder Dardenne jedoch, bevor sie sich Filmen mit Darsteller:innen verschrieben, fast zehn Jahre lang dokumentarisch-politische Basisarbeit geleistet. »Wir haben zu zweit bei den Leuten an der Tür geklingelt – es waren die siebziger Jahre – und haben gesagt, wir drehen ein Porträt all der Menschen, die hier in der Cité leben. [...] Wir haben mit jedem von ihnen ungefähr eine halbe Stunde Interview geführt. Sie sollten uns von einem Moment ihres Lebens erzählen, in dem sie sich gegen eine Ungerechtigkeit wehrten. Egal welcher Art. [...] Unser Gedanke war, dass sie sich begegnen könnten über diese Videos, in denen sie von ihrem Umgang mit einer Ungerechtigkeit erzählten. Samstags und sonntags haben wir diese Filme gezeigt.«[1] Der erste längere Film fürs belgische Fernsehen, LE CHANT DU ROSSIGNOL (Der Gesang der Nachtigall) von 1978, ließ Gewerkschafter zu Wort kommen, die um ihre Heimatstadt Seraing herum im belgischen Widerstand gegen die Nazi-Besatzer aktiv waren. Der zweite, LORSQUE LE BATEAU DE LÉON M. DESCENDIT LA MEUSE POUR LA PREMIÈRE FOIS (Als das Schiff von Léon M. das erste Mal die Maas herunterfuhr), behandelte ein Jahr später den großen belgischen Stahlarbeiterstreik von 1960.

Klassische dokumentarische Themen in Zubereitungsformen, wie man sie von Interviewfilmen kennt, werden mit Stilmitteln der Essay-Filme von Chris Marker oder Alain Resnais verbunden. Es entsteht ein Spannungsfeld zwischen Original-Interviews und einer poetischen Kommentarebene, zwischen Talking Heads, arrangierten Landschaftsaufnahmen und Impressionen entlang der Maas.

Als Mangel haben sie fünfundzwanzig Jahre später formuliert, dass sich diese Dokumentarfilme ausschließlich mit der Vergangenheit beschäftigten. »Wir arbeiteten überwiegend mit Archivmaterial oder Interviews. Und mit Rekonstruktionen. Aber wir haben niemals einen Dokumentarfilm zeitgleich zu dem Ereignis gedreht, von dem er handelt. [...] Ich glaube, wir sind einfach an einige Grenzen gestoßen. Wir baten die Leute in

1 Revolver Live! Jean-Pierre und Luc Dardenne, im Gespräch mit Jens Börner und Nicolas Wackerbarth, in: Revolver – Zeitschrift für Film, Heft 23, Frankfurt am Main 2010, S. 68f., online unter www.revolver-film.com/hefte/heft-23-dardenne/ [letzter Zugriff 10.03.2023].

einer Tour, etwas vor der Kamera zu tun, was sie eigentlich nicht wollten, und man musste sie dann bezahlen, damit sie es taten. [...] Wir haben immer mehr gemerkt, dass wir diese Menschen zu Protagonisten unserer eigenen Konstrukte machen wollten – und dass es sie selbst eigentlich nicht interessierte. Die zweite Grenze war damit auch erreicht. Wir fragten uns: Warum erzählen wir nicht unsere eigenen Geschichten?«[2]

Wie viele Filmemacher dieser Zeit waren die Gebrüder Dardenne Autodidakten. Luc Dardenne hatte Philosophie studiert, Jean-Pierre Dardenne Theaterdramaturgie bei Armand Gatti, bei dem beide später assistierten – Jean-Pierre als Kameraassistent, Luc als Regieassistent. Der erste Spielfilm war schließlich die Theateradaption FALSCH nach einem Stück von René Kalisky und unter Mithilfe von Jean Gruault. 1992 verwirklichten sie erstmals nach eigenem Drehbuch, wieder mit Unterstützung von Jean Gruault und ganz im Stil des *cinéma engagé* den Film ICH DENKE AN EUCH, eine Geschichte über die Probleme des Niedergangs der Industrieregion Wallonien, die als Niedergang einer Beziehung im Arbeitermilieu erzählt wird. Über den Film heißt es in diesem Buch: »Von Anfang an war das ein Missverständnis«[3]. Überforderung durch den technischen Apparat und die Verbindlichkeiten industrieller Filmproduktion, die allzu bruchlose Dramaturgie einer fernsehtauglichen Filmgeschichte. Das gefühlte Desaster dieser Erfahrung führte zur Ernüchterung über das Filmemachen allgemein und zu einer radikalen Umkehr, der das erste Drittel der folgenden Aphorismen, Tagebuchnotizen und Sentenzen gewidmet ist, die Luc Dardenne stellvertretend niedergeschrieben hat, einsetzend kurz nach Fertigstellung der Schnittfassung von ICH DENKE AN EUCH. Wie die Freiheit des dokumentarischen Arbeitens in den »eigenen Geschichten« wiedergewinnen? Wie zu der Wahrheit gelangen, die durch die industriellen Prozesse des Spielfilms verschüttet scheinen? Wie das freilegen, was Dokumentarfilm unverblümt zu zeigen scheint? Diese in ihrer kinematografischen Produktivität beeindruckende Chronik eines Scheiterns setzt als Rückkehr ins Paradies einen Weg rund um die Welt voraus, geprägt von der Infragestellung aller einzelnen Parameter fiktionaler Filmarbeit. Die Schlussfolgerungen sind, wie Luc Dardenne erst im Nachhinein feststellt, ähnlich wie bei den Dogma-Filmemacher:innen: Gefordert wird ein gewisser Brutismus, eine »Armut« und radikale Beschränkung der Mittel, Arbeit ausschließlich mit Laien an Originalschauplätzen, möglichst ohne künstliche Beleuchtung und mit einem Team in der Größe eines Dokumentarfilmteams. Es gilt, »den rohen, unvorhersehbaren, spannungsreichen Zustand [...] der gegenwärtigen Wirklichkeit [zu] übertragen«[4]. »Grob« soll der Umgang mit Ton und

2 Ebd., S. 72.
3 S. 27
4 S. 23

Kamera sein, die wie eine Kamera der aktuellen Berichterstattung mitnimmt, was ihr geboten wird, und einfach weiterfilmt, also in langen Plansequenzen und teils gegen die Regie anarbeitend. »Rosetta ist ein kleiner Soldat in dem Krieg um Arbeit. Und sie sieht den Feind und weiß, was zu tun ist, bevor wir es sehen. Wir sind die Reporter, die ihr folgen, die versuchen, ihr zu folgen. Dieser Soldat wird von uns als Kamerateam im ›Krieg‹ begleitet, wie von Kriegsreportern.«[5] Daraus wird im Buch eine vollständige Theorie des für die Dardenne-Filme richtigen Umgangs mit der Kamera entwickelt, die nie mehr sehen soll als die Protagonist:innen, die gerne »zu spät« kommen darf, der der Blick versperrt wird. Wie übrigens auch in allen gewaltsamen Todesfällen von DAS VERSPRECHEN über LORNAS SCHWEIGEN bis hin zu TORI UND LOKITA.
Nicht korrigiert wird – bis heute nicht – der schon die ersten Dokumentarprojekte leitende Ansatz, gesellschaftlich relevante Themenfelder in den Mittelpunkt zu stellen, Randexistenzen, »Parias« in Anlehnung an Hannah Arendt. Und Rosetta ist bereits ein offenes Zitat einer Figur aus van der Keukens Film DIE NEUE EISZEIT[6]. Viele Filmstoffe gehen von Zeitungsnotizen aus, eigenen Beobachtungen in Seraing zum Arbeitermilieu, dem die Dardennes selbst nicht entstammen, das sie aber im Umfeld des offenbar katholisch-engagierten Elternhauses bestens kennengelernt hatten. Interessant hier die Bemerkung über Kieslowski, dessen Filme, bevor er Polen verließ, stärker und persönlicher gewesen seien.[7] Filmemacher als Magier, die ihre Zauberkraft aus der Verbundenheit zu ihrem Ort ziehen, den sie nicht verlassen dürfen.
Entwickelt wird in diesen Notizen, die in der Form teils bewusst angelehnt sind an Blaise Pascals *Pensées,* eine Philosophie des dokumentarisch wahren fiktionalen Films – heute würden wir das ›hybrid‹ nennen, weil die Grenzen zwischen den Genres oder Gattungen bewusst nicht anerkannt werden. Die Entdeckung einer Geste oder Bewegung der Darsteller:innen wird als dokumentarischer Fund gefeiert, nicht als inszenatorische Leistung. Schauspiel wird nur zugelassen in der Befreiung vom sicher geglaubten Handwerk, als »nacktes« Schauspiel. Die Streichung eines Dialogs gilt als Gewinn an Text. Überall spürbar das Misstrauen gegen die vermeintliche Souveränität der Behandlung filmischer Mittel, von Dramaturgie bis Schnitt, die als Unterdrückung des Wirklichen im Film verstanden, und wach gehalten wird durch das Damaskus-Erlebnis von ICH DENKE AN EUCH.
Besonders eindrucksvoll gibt dieser Band einen Einblick in die kurvenreiche und nicht selten mühsame Entstehung von Stoffen, deren Nukleus

5 Revolver Live! Jean-Pierre und Luc Dardenne, im Gespräch mit Jens Börner und Nicolas Wackerbarth, in: Revolver – Zeitschrift für Film, Heft 23, Frankfurt am Main 2010, S. 95.
6 S. 165
7 S. 36

teils ein Jahrzehnt vor ihrer filmischen Umsetzung liegt: DER SOHN ist eine Abraham-Isaak-Geschichte, wie sie schon 1993 in den Notizen erzählt wird; DAS KIND wird aus der Jahre zurück liegenden, schriftlich festgehaltenen Beobachtung einer jungen Frau mit Kinderwagen in Seraing und zwei Zeitungsnotizen aus Lüttich entwickelt; eine Ärztin oder Sozialarbeiterin, die einer Gestrandeten nicht helfen kann, gibt es als Motiv schon zehn Jahre vor DAS UNBEKANNTE MÄDCHEN; eine Albanerin, die zu einer Scheinheirat wegen ihres Aufenthaltsrechts gezwungen wird, sich in ihren Scheinehemann verliebt und Opfer ihres Milieus wird, als Ideenskizze fast zehn Jahre vor LORNAS SCHWEIGEN, entstanden aus einer Zeitungsnotiz. Aber auch die Veränderungen der Stoffe in der Stoffentwicklung sind teilweise erheblich. War ROSETTA anfangs noch als Mordgeschichte geplant, sollte DER SOHN ursprünglich mit einem Mord enden, war das Ende von DAS KIND als spektakuläre gemeinsame Flucht gedacht, ebenfalls nach einem Mord, so erlebt man im Buch von Tag zu Tag, wie das unbegreifliche Drama des Tötens, das Luc Dardenne dauerhaft beschäftigt, in der Annäherung an Figuren und das Material eine Umwandlung in filmische Wirklichkeit erfährt, weg von bereits Gesehenem und Gelesenem, hin zu einer Fassung, die den Stoff »atmen« lässt. Diese Verwandlung ist stets Produkt eines dialogischen Prozesses der beiden Brüder. In bewusster Anlehnung an Levinas sieht Luc Dardenne die gemeinsame Arbeit stets auf »den Anderen« bezogen. Das meint nicht nur das Brüderpaar, sondern auch Team und Darsteller:innen, egal ob Laien oder Profis, Nachbarschaft oder Betroffene.

Das Buch erlaubt, dem Autor und seinem stets in der Nichtanwesenheit anwesenden Bruder wie eine geduldete Kameraperson zu folgen, wie im Rücken von Olivier Gourmet in DER SOHN. Was wir zu sehen bekommen, ist nicht nur die »sprechende Rückenansicht«[8] des Duos, es ist die verborgene Rückseite der Bilder ihrer einzigartigen Filme.

Marcus Seibert, Januar 2023

8 So nennt Luc Dardenne diese Perspektive in DER SOHN, S.134f.

DIE METHODE DARDENNE

Interview mit Luc und Jean-Pierre Dardenne in der Maison de France, Berlin, anlässlich der Französischen Filmwoche 2016

Marcus Seibert: 1992 haben Sie eine Art Manifest formuliert: »Kleines Budget und Schlichtheit in jeder Hinsicht (Erzählung, Szenenbild, Kostüm, Ausleuchtung, Team, Schauspieler). Ein eigenes Team finden, Schauspieler, die wirklich mit uns arbeiten wollen, die uns nicht mit ihrer Versiertheit blockieren, Unbekannte, die uns nicht gegen unseren Willen zu dem führen, was schon bekannt und anerkannt ist. Gegen die Affektiertheit und den vorherrschenden Manierismus: arm denken, einfach, nackt.«[1] Eine erste Formulierung der »Methode Dardenne«. Gilt das immer noch?

Luc Dardenne: Das waren unsere Überlegungen, nachdem wir einen wirklich nicht so guten Film gedreht hatten, den wir nicht mochten, aber für den wir verantwortlich waren, ICH DENKE AN EUCH. Wir wollten danach »bei null anfangen«. Und es gilt heute noch, dass wir uns auf die Schauspieler konzentrieren, dass wir mit Freunden arbeiten, mit möglichst wenig technischer Vermittlung zwischen uns und den Schauspielern, nicht versuchen »Kino zu machen«, sondern Kinofilme zu drehen, jedes Mal die Wahrheit dessen zu finden, wonach wir suchen. Wir haben allerdings zuletzt mit drei bekannten Schauspielerinnen gearbeitet, und Olivier Gourmet und Jérémie Renier sind durch unsere Filme bekannte Schauspieler geworden. Die Herausforderung hat sich also etwas verändert: Wie kann man einen bekannten Schauspieler, den man schon diverse Male in unseren Filmen gesehen hat, noch in diesen »nackten« Zustand bringen? Und in den langen Proben, die wir vor jedem Dreh machen, versuchen wir sie dahingehend zu verwandeln, sie in den Film fallen zu lassen.

Mit Nacktheit meinen Sie den optimalen Zustand eines unschuldigen Spiels, einer Einfachheit. Wie finden Sie das?

Jean-Pierre Dardenne: Normalerweise antworten wir darauf nicht, weil das ja die Arbeit unserer Proben vor dem Dreh ist. Das ist auch wirklich schwierig zu beantworten, weil jeder Darsteller da anders ist. Wir haben keine Methode, die wir nur anwenden müssen, oder zumindest nicht eine einzige. Wir sind da selbst wie die Ratten im Labyrinth, auf der Suche nach dem Käse.

1 S. 25

Aber was machen Sie in den Proben mit den Schauspielern?

Jean-Pierre Dardenne: Am ersten Probentag gehen wir die erste Szene des Films durch. Luc und ich, wir haben dann schon den Drehort besichtigt und haben schon mal überlegt, wo die Kamera stehen soll, die Darstellerin. Am ersten Probentag für ZWEI TAGE, EINE NACHT haben wir nur die erste Szene geprobt. Sie liegt auf ihrem Sofa. Wir verbringen da sehr viel Zeit mit ihr: Wie liegt sie da? Mit ausgestreckten Beinen oder besser angewinkelt? Hat sie ihren Kopf ins Kissen gedreht? Sieht man nur ihren Pferdeschwanz? Oder hat sie den da noch gar nicht? ... So arbeiten wir. Wir gehen von ganz konkreten Situationen aus. Und wenn es Dialog gibt, wird der auch gesprochen.

Ändert sich der in den Proben noch?

Luc Dardenne: Wir streichen vor allem. Wir suchen einen Rhythmus, den wir nur mit den Schauspielern finden können. Und wenn wir den Eindruck haben, hier wäre eigentlich eine Stille besser, dann probieren wir das aus. Und wenn es nicht passt, ändern wir das wieder. Wir proben erst ohne das Team, nur mit den Schauspielern. Aber wenn wir nahe dran sind, dann rufen wir das Team dazu. Wir wissen natürlich, dass zu einem Film eine Kamera, Licht und Mikros gehören, aber die Details müssen die Techniker selber herausfinden. Wir erklären ihnen die Einstellung, was die Kamera machen soll, was die Schauspieler machen. Dann fragen wir: Alles klar? Und wenn alles klar ist, proben wir mit Team und Schauspielern. Wir sitzen dann vor dem Monitor und sehen uns das an. Mit dem Kameraoperateur finden wir dann zusammen noch Dinge. Da ist der lichtsetzende Kameramann aber noch nicht dabei...

Jean-Pierre Dardenne: Entscheidend bei den Proben ist, dass wir zu zweit sind. Auch wenn wir da Selbstgespräche führen, wir führen sie laut vor den Schauspielern. Zum Beispiel »Das ist noch nicht, was wir suchen« oder »Ich habe mich geirrt. Das geht nicht.« Schauspieler, die das zum ersten Mal erleben, denken oft, »Vorsicht, die beiden sind pervers.« Und vielleicht sind wir das auch, viel mehr sogar, als sie denken. Sie glauben, wir wollen sie nur destabilisieren. Aber wenn sie sehen, dass wir wirklich rumprobieren, dann schafft das ein Klima des Vertrauens, das dafür sorgt, dass wir alle, Regie und Schauspieler, unsere vorgefassten Haltungen aufgeben und versuchen wirklich ganz da zu sein. Das ist das, was wir suchen.

Wenn Ihr Ziel dieses »da sein« ist, verzichten Sie auf Anweisungen, wie sie Phillip Garrel seinen Darstellern macht, indem er sagt, sie sollen bestimmte Dinge denken, wenn sie spielen?

Luc Dardenne: Wir sagen niemals einem Darsteller: Denk an dies oder jenes. Nie! Wenn sie uns fragen, was sie dabei denken sollen, antworten wir immer: keine Ahnung. Zum Beispiel Olivier Gourmet in DER SOHN. Er bringt da dem Jungen, der vor fünf Jahren seinen Sohn getötet hat, das Schreinerhandwerk bei. Der Film spielt damit, dass man nicht weiß, was er mit dem Jungen machen wird. Und er fragte immer wieder: »Aber jetzt will er ihn doch töten, oder?« Wir haben dann so Sachen gesagt wie: »Warum denn?« oder »Wir filmen dich eh von hinten, mach dir keine Gedanken.« Das war natürlich nicht ganz ernst gemeint, aber nach zwei Wochen Dreh kam er morgens ans Set, drehte uns den Rücken zu und meinte: »Ich fang so an, nehm' ich an, oder?« Wir versuchen immer zu destabilisieren und antworten deshalb nie auf solche Fragen. Unsere Anmerkungen sind meistens physisch und verneinend. Also, wenn einer sich umdreht, sagen wir, mach das nicht. Wir wissen nicht genau, was wir wollen, aber wir finden es, indem wir nein sagen.

Die Proben sind also eine Suche nach der richtigen Bewegung, der richtigen Handlung?

Luc Dardenne: Eine Suche nach der Choreografie Körper-Kamera. Wir proben fünf Wochen lang vor dem Dreh mit einer Mini-DV-Kamera. Jeden Abend sehen wir uns an, was wir da gefilmt haben, und gucken, ob wir was gefunden haben oder nicht. Die meiste Zeit verbringen wir mit den elementaren Gesten, Körpern, die zu Boden fallen, aufstehen, sich setzen, sich hinlegen. Es geht dabei immer um die Beziehung zum Bildausschnitt. Und weil wir immer an Überraschungen interessiert sind, ist unsere Kamera nie »am richtigen Ort«, sodass der Zuschauer den Eindruck hat, das, was wir filmen, leistet Widerstand. Wir laufen oft hinterher, als ob die Körper schneller sind als wir. Oder wir lassen etwas im Off, damit wir es später zeigen können. All das finden wir in den Proben, in denen wir das ganze Drehbuch durchgehen. Ob wir hier das Fenster zeigen wollen oder nicht und in welcher Achse wir das filmen müssen, das klärt sich in den Proben. Und nach diesen fünf Wochen haben wir eine konkrete physische Vorstellung davon, was wir machen wollen und wo die Kamera stehen muss.

Jean-Pierre Dardenne: Wir sind nicht nur die Ratten im Labyrinth, sondern auch die Kühe, die alles wiederkäuen. Wir haben ungefähr vier Mägen...

Die üppige Probenarbeit ähnelt den Vorbereitungen eines Theaterstücks. Sie haben eine Theatervergangenheit, Ihre Mutter hat viel Theater gespielt. Sie drehen fast alle Szenen als Plansequenzen. Auch das ist gegenüber anderen Filmemachern eine eher theaternahe Arbeitsweise...

Jean-Pierre Dardenne: Das liegt daran, dass wir jeden Morgen mit unserer Mutter telefonieren. Aber sie sagt uns beiden immer was Anderes [Gelächter]... Nein, das hängt sicher mit unserem Verhältnis zum Theater zusammen, aber andere Filmemacher mit ähnlicher Vergangenheit haben nicht in Plansequenzen gedreht. Wir haben diese Technik, mit laufender Kamera und offenem Mikro zu inszenieren, bei Armand Gatti gelernt. Das ist ein Theatermacher, der vor etwa dreißig Jahren auch in Berlin gearbeitet hat. Wir sind aber nicht die einzigen, die mit größeren Zeitblöcken arbeiten. Die Zeitblöcke der Plansequenzen erlauben den Zuschauern, direkt dem beizuwohnen, was sich vor ihren Augen abspielt. Die Zeit des Zuschauens entspricht der der Aufnahme der Handlung. Wenn wir unseren Job gut machen, erlebt er also etwas, wie es sich vor seinen Augen abspielt. Das gibt einem das Gefühl, dass die Dinge sich gerade ereignen. Manchmal denke ich zwar, wir machen die Dinge so, weil wir das nicht anders können. Wir nehmen uns immer wieder vor, nicht in Plansequenzen zu arbeiten, machen es dann aber doch, weil wir den Eindruck gewinnen, ohne die Aufnahme der Gegenwart in diesen Zeitblöcken nicht diese Qualität der Gegenwärtigkeit zu erreichen.

Luc Dardenne: Vermutlich filmen wir deshalb auch so oft aus nächster Nähe, weil die Gefahr der Plansequenz darin besteht, dass man die Dinge nur abbildet. Das ist generell die Gefahr des Theaters im Film. Wir brauchen immer Dinge, die im Bild auftauchen und wie Zwischenschnitte wirken. Das ist diese Überraschung, nach der wir in unseren Plansequenzen suchen, die üblicherweise nicht geschnitten werden. Wenn man einen kurzen Zwischenschnitt in eine lange Einstellung schneidet wie bei Haneke im Film LIEBE, wo in der Traumsequenz eine Faust aus der Wand kommt, dann zerreißt man damit die Plansequenz. Wir suchen lieber Überraschungen innerhalb der Plansequenzen, den inneren Rhythmus dieser Einstellungen.

Einige Darsteller erleben Ihre Art zu proben und dann in Plansequenzen zu drehen so, dass sie komplett vergessen, was sie da machen und in welchem Film sie sind.

Luc Dardenne: Das ist unser Ziel. Wir sagen immer zu Olivier Gourmet, und das klingt jetzt vielleicht wie ein Scherz, ist aber ganz ernst gemeint: Du bist der Schauspieler für fünf Uhr nachmittags. Weil er, wenn wir den ganzen Tag gedreht haben, um diese Uhrzeit nicht mehr weiß, wo er ist und das ist wunderbar... Wenn ein Darsteller sagt, er habe sich ganz toll gefühlt, ist das immer gefährlich. Ähnlich mit den Kostümen, mit denen wir auch viel herumprobieren. Wenn jemand sagt: »Ja, das ist gut«, dann sagen wir immer nein. Damit sich keiner einrichtet in etwas, worin er sich wohlfühlt. Das ist zu seinem Besten.

Jean-Pierre Dardenne: Vom ersten Probentag an haben die Darsteller einen Entwurf ihres späteren Kostüms. Wir wissen noch nicht, was es sein wird, aber niemals lassen wir die Darsteller in ihren Alltagsklamotten spielen. Niemals. Und anders, als es gerne mal heißt, sehen wir Gewohnheit nicht als gut an. Es gibt eine Vertrautheit, eine Gewöhnung oder Nähe zu den Figuren, die von Tag zu Tag wächst, wie im Theater. Aber wenn das Kostüm dann doch nicht passt, wird es ausgetauscht. Das ist eine sehr materielle Arbeit, sehr konkret. Man braucht Intuition, aber die muss sich auch bewähren.

Sie arbeiten immer zusammen. Sind Sie immer einer Meinung in ihren Vorlieben und Entscheidungen?

Luc Dardenne: Ja. Wenn wir das einer Frau erzählen, heißt es gewöhnlich, ich glaub euch das nicht. Wenn wir das einem Mann erzählen: mit meinem Bruder wäre das nie möglich.
Nein, natürlich sind wir nicht immer einer Meinung. Zum Glück. Sonst würden wir ja niemals das finden, was wir suchen. Aber wenn er findet, »das wäre irgendwie besser«, würde ich mich nicht hinstellen und sagen, »nein, das machen wir nicht«. Und umgekehrt. Wir probieren herum. Und während des Schnitts, wenn wir uns vor dem wiederfinden, was wir gedreht haben, was uns in dieser Situation am besten erschien, dann wählen wir zusammen mit der Cutterin aus. Vielleicht geht das, weil wir Brüder sind... Ich kenne sonst keine Filmemacher, die wirklich gemeinsam Regie führen. Vielleicht Pressburger und Powells, aber die haben sich irgendwann getrennt. Die Coen-Brüder, aber die sind eben auch Brüder. Wenn wir nicht Brüder wären, weiß ich nicht, ob das gehen würde. Selbst wenn wir nicht die gleiche Vorstellung davon haben, so machen wir doch den gleichen Film. Wir spüren den auf die gleiche Weise. Vielleicht so. Und deshalb bleiben wir offen für die Vorschläge des anderen. Wir denken nicht darüber nach, ob meine Idee toll ist und seine blöd oder ob er mir gesagt hat, meine sei blöd.
Natürlich halten wir manchmal an Dingen fest, wir sind ja Menschen. Man denkt, dieser Drehbucheinfall ist gut, ich schlage ihm das vor, und er sagt nur: »Ganz ok.« Dann kann es schon mal sein, dass mich das ärgert, und ich wissen will, warum er nur »Ganz ok« gesagt hat. Und entweder sehe ich das dann ein, oder er ruft später an und sagt: »Ich hab' noch eine andere Idee.« In Situationen, wo wir nicht einer Meinung sind, fragen wir uns schon mal, verdammt, was machen wir jetzt? Man befürchtet, dass man das Passende nicht findet. Aber bei uns setzt das eine Bewegung, eine Dynamik in Gang, die zu einer Auflösung führt.

Sie sind ja generell eher vorsichtig mit direkten politischen oder soziologischen Aussagen, aber viele ihrer Filme beschäftigen sich mit dem, was Pierre Bourdieu in seinem Buch Das Elend der Welt *genannt hat.*

Luc Dardenne (ausweichend): Jean-Pierre, willst du antworten?

Jean-Pierre Dardenne: Eigentlich müsste ich dafür erst mal unsere Mutter anrufen! [Gelächter] Aber die isst um diese Uhrzeit. Müssen wir uns also selbst mit der Frage rumschlagen... Wir sind deshalb so vorsichtig, weil wir in einer Epoche leben, wo man uns ständig diese blöde Frage stellt, ob wir »engagierte Filmemacher« sind. Was heißt das? Wir antworten da gewöhnlich eher aus Provokation, wir engagieren uns für unsere Figuren. Wir hoffen natürlich, dass diese Figuren nicht wie Demonstrationsobjekte rüberkommen. Wir setzen sie jedenfalls nicht so ein. Das heißt nicht, dass wir nichts erzählen. Aber wenn da etwas beim Zuschauer ausgelöst wird, dann durch die Figuren, nicht durch unseren Standpunkt als Filmemacher. Die Begegnung eines Zuschauers mit einem Film – wir reden ja hier von Film – ist eine lebendige Erfahrung, die sich nicht auf eine politische Formel herunterbrechen lässt. Wer das versucht, erleidet meiner Ansicht nach Schiffbruch.

Als sie aufgehört haben, Dokumentarfilme zu drehen, haben sie gesagt, im Dokumentarfilm könne man sich nicht Phänomenen wie dem Tod annähern. Aber in gewisser Weise ist Ihnen diese Zurückhaltung, den Tod zu zeigen, geblieben.

Luc Dardenne: Es liegt vielleicht daran, dass wir zu zweit sind, aber jedes Mal, wenn wir eine Figur sterben lassen, ist das für uns sehr, sehr schwierig, weil die für uns lebendig geworden ist. Ich würde nicht sagen, dass wir uns da wie Mörder fühlen, aber nach allem, was wir ihn haben machen lassen, diskutieren wir endlos, manchmal Jahre, aber am Ende des Films haben wir immer noch ein echtes Problem damit.

Jean-Pierre Dardenne: Das ist schon komisch. Wir haben Jérémie sterben lassen, der im Kino durch uns zum Leben erweckt wurde. Und Amidou. Jérémie hat bei den Dreharbeiten zu LORNAS SCHWEIGEN eine kleine Party zu seiner Beerdigung veranstaltet... Und ganz gestorben ist er ja auch nicht, weil er in Lornas Bauch weiterlebt. Also ist auch Jérémie nie so ganz gestorben.

Luc Dardenne: Amidou auch nicht, er hat ja auch ein Kind...

Aber sein Tod ereignet sich im Off. Also bleibt die dokumentarische Zurückhaltung gegenüber dem Tod bestehen?

Jean-Pierre Dardenne: Wir fragen uns natürlich auch, warum wir den Tod nicht filmen. Aber wenn man nicht sieht, wie zum Beispiel Claudy getötet wird, dann bleibt der Junge, den man zuletzt auf dem Fahrrad hat wegfahren sehen, wie ein Phantom im Kopf des Zuschauers, er bewohnt weiterhin den Film und hilft Lorna, zu denken oder sich einzubilden und hinterher wirklich dran zu glauben, dass sie schwanger ist.

Luc Dardenne: Wenn man nicht weiß, wo der Körper von jemandem abgeblieben ist, der gestorben ist, dann kehrt er zurück, verfolgt einen.

Ich habe in Ihren Drehnotizen eine Formulierung über gute Dialoge gefunden, die mir sehr gefällt. Sie setzen dem ein Wittgenstein-Zitat voraus: »Wovon man nicht sprechen kann, darüber muss man schweigen.« Dann heißt es: »Die Figuren nicht sagen lassen, was sie nicht sagen können. Sie können nicht aus ihrer Situation heraustreten, um sie mit Worten zu beschreiben. Sie sind drin. Es ist an uns, ihnen Worte zu geben, in denen das Schweigen der Worte hörbar wird, die sie nicht sagen können.«[2]

Luc Dardenne: Dieses Schweigen meint den Körper, der spricht, nicht das artikulierte Wort. Es sind die Worte des Körperlichen, die hören lassen, was sie nicht sagen können. Zum Beispiel Rosetta. Wir haben sie als Figur gesehen, die zuschlägt, statt zu reden. Sie leidet sehr, schafft es aber nur manchmal, ganz ruhig zu reden. Das ist schwierig für sie. Und sie versteht nicht, dass man sie nicht versteht. Sie regt sich auf, hat Bauchschmerzen. Immer wenn sie keine Arbeit hat, bekommt sie Bauchschmerzen. Man könnte denken, das sind Menstruationsschmerzen, aber vermutlich ist das etwas anderes. Das ist in gewisser Hinsicht eine Hommage ans deutsche Kino, ANGST ESSEN SEELE AUF, der Immigrant, der sich auf dem Boden zusammenkrümmt. Ein toller Film!

Ist diese Art, mit dem Sagbaren umzugehen, die Definition des im Dialog Möglichen eine Folge der Dokumentarfilme, die sie am Anfang gemacht haben? Man trifft ja oft auf Leute, die nicht das sagen, was man gerne hätte. Das wird im Dokumentarfilm schnell ein Problem.

Jean-Pierre Dardenne: Das stimmt zwar, was Sie da sagen, aber in den meisten unserer Dokumentarfilme sprechen Leute über ihre Erlebnisse in der Vergangenheit. Es geht oft um wichtige Streiks in Belgien oder den Widerstand gegen die Nazis im Raum Lüttich.[3] Wir bringen die Leute an

2 Vgl. S, 31.

3 LORSQUE LE BATEAU DE LÉON M. DESCENDIT LA MEUSE POUR LA PREMIÈRE FOIS »Als das Schiff von Leon M. das erste Mal die Maas herunterfuhr«, 1979 und LE CHANT DU ROSSIGNOL »Der Gesang der Nachtigall«, 1978.

die Orte, wo ihr Kampf stattfand, und an diesen Orten erzählen sie uns, was sie damals gemacht haben, oder erklären es uns anhand von Gegenständen, die bei ihren Aktionen eine Rolle gespielt haben.
Ich erinnere mich zum Beispiel an einen unserer Protagonisten, der während des Zweiten Weltkriegs im Untergrund eine Art Zeitung herausgegeben hat. Er hatte noch diverse Sachen, die er im Krieg versteckt und dann verwahrt hatte aus seiner Untergrundtätigkeit, und hat die benutzt, um uns seine Arbeit zu erklären. Wir haben keine Dokumentarfilme gemacht mit Leuten, die über ihre gegenwärtige Situation gesprochen haben.

Luc Dardenne: Wir haben mit den Gewerkschaften zusammengearbeitet anlässlich der Werksschließungen. Wir haben ein Videotape gedreht, wo jeder Arbeiter aus dem Streikkomitee erklärt hat, warum man das Werk nicht schließen soll, und wir haben sie gefilmt, wie sie während des Streiks essen. Es war kalt, sie machten sich Feuer. Wir gaben ihnen den Film, und sie haben ihn weitergereicht, um die Leute für das Thema zu sensibilisieren. Aber wir haben nicht den Beginn des Streiks gefilmt, sondern wie sie über ihre Aktionen sprachen.

Wenn ich mich nicht irre, spielen alle Ihre Filme in der Umgebung von Lüttich, in Seraing. Ist der Ort bei Ihnen eigentlich von Anfang an gesetzt, oder ist er das Ergebnis Ihrer Diskussionen?

Jean-Pierre Dardenne: Bei DAS UNBEKANNTE MÄDCHEN war zuerst die Hauptfigur und die Praxis. Aber bei DER JUNGE MIT DEM FAHRRAD hatten wir beispielsweise schon von Anfang an die Stadt, die Arbeiterstadt, die Wohnsiedlung, die Straße und auf der anderen Seite der Straße den Wald und die Tankstelle. Als wir anfingen zu drehen, hatte die Tankstelle dichtgemacht und war in einen Waschsalon umgewandelt worden. Wir haben den Inhaber gebeten, das wieder in eine Tankstelle zu verwandeln. Wir arbeiten mit den Orten, aber manchmal verändern wir sie ein wenig...

Wenn man sich die konkreten Orte ansieht, mit denen Sie arbeiten, sind das oft Flussufer, Uferstraßen, Schnellstraßen mit Mauern, man sieht selten den Himmel, aber man sieht Mauern. Sie verallgemeinern diese Orte oft durch die Art und Weise, wie Sie drehen.

Luc Dardenne: Ja, auch durch die Farben. Grau, rot. Die Drehorte sind für uns sehr grafisch, selbst Fabrikruinen sind sehr grafisch. Weite Einstellungen sind immer gefährlich, weil darin der menschliche Körper hinter der grafischen Gestalt der Orte verschwindet oder in den Hintergrund tritt. Das könnte man als Inszenierungsidee verwenden, aber bei uns ist

es im Gegenteil so, dass wir versuchen uns zu nähern, die Umgebung zu verlieren und ganz bei den Körpern der Darsteller zu sein. In Vietnam hat einer gesagt: »Ihre Filme stehen nicht für Belgien, weil sie Belgien gar nicht zeigen.« Die vietnamesischen Filmemacher sind weitgehend linientreu im Dienst des Regimes – natürlich nicht alle – und sind deshalb der Ansicht, man müsse das Land zeigen. Ich verstehe auch, was hinter der Frage steckt. Aber wir wollen eben wirklich keine Landschaft zeigen, sondern die Körper unserer Figuren, ihren Kampf, ihre Wärme, ihren Untergang. Das ist es, was uns interessiert. Gesichter und Körper. Wie sie eingeschlossen sind, und wie man einen Film erzählt, der sie befreit – und nicht etwa dank Gottes, der im Himmel wohnt oder dank des Gesetzes oder der Religion, sondern durch ihre Beziehungen untereinander. Wie kann jemand einem anderen die Hand reichen? Ich erinnere mich an unseren ersten Film nach komplett eigenem Drehbuch, DAS VERSPRECHEN. Es geht um einen Jungen, dessen Vater Zimmer zu Wucherpreisen an illegale Einwanderer vermietet. Er ist selbst ein ehemaliger Arbeiter, der jetzt arbeitslos ist. Und sein Sohn liebt den Vater, sie sind ein gutes Gespann, aber irgendwann muss er sich von seinem Vater lossagen und ergreift Partei für eine Fremde.
Anfangs hatten wir da eine Figur drin, einen älteren Arbeiter, ein Erbe der Solidaritätsbewegung und der Religion. Religion lehrt ja auch Solidarität. Sie lehrt zwar ganz furchtbare Sachen, aber eben auch Solidarität. Wir haben die Figur hinterher wieder rausgeschrieben. Er kann unmöglich Bescheid wissen und sagen: »Dein Vater ist ein Schwein, du musst von ihm weg.« Das muss der Junge selbst rausfinden. Er muss spüren, dass diese fremde Frau, im Gegensatz zu dem, was ihm sein Vater gesagt hat, und auch im Gegensatz zu seinem eigenen Verhalten im halben Film, wo er ihr immer wieder Geld abnimmt, ein menschliches Wesen ist. Man muss sie respektieren und ihr die Wahrheit sagen. Wie kommt man aber dahin, wenn es eben keine Instanz gibt, die einem sagt, wie's geht? Das ist die Herausforderung im Film. Er geht nicht zur Schule, es gibt also keinen Lehrer, auch keine Mutter, er ist sich und seinen Kumpels überlassen. Es erschien uns zu einfach, diese Figur einzuführen, nur um zu sagen, unsere Charaktere haben keine Tradition.

Aber noch mal: könnten Sie eigentlich auch woanders drehen als in Seraing? Oder wollen Sie gar nicht?

Jean-Pierre Dardenne: Das ist wie mit der Plansequenz. Das entscheiden wir nicht wirklich, das entscheidet sich. Das ist schon schräg, aber jedes Mal, wenn da eine Figur auftaucht oder eine Situation, dann ist das da. Es gibt Filme, die von Vermischtes-Meldungen ausgehen wie DER JUNGE MIT DEM FAHRRAD. Die Geschichte hat man uns in Japan erzählt. Und als wir die Geschichte geändert haben, wie im Film, spielte sie in Serain. Das war für uns ganz selbstverständlich. Das hat etwas von einer Obsession. Und wir haben im Laufe der immer wieder gestellten Frage für uns eine Antwort gefunden, die indirekt wieder mit unserer Mutter zu tun hat. Wir sind zu zweit, aber diese Stadt ist unser dritter Partner. Das ist die Stadt unserer Kindheit, unserer Jugend, das ist ein Ort, der uns verbindet, den wir teilen. Der erfüllt ist von unseren Erinnerungen, von unseren ersten Erfahrungen als Jugendliche, die Entdeckung des Lebens. All das ist dort, unsere Ängste, unsere Leidenschaften, für uns erzählt diese Stadt all das. Es gibt diese Brutalität oder eher Rohheit der Mauern, der Unorte, an die sich unsere Figuren nicht ankuscheln können. Oder wenn sie das tun, dann spürt man die Kluft, weil das keine Orte zum Ankuscheln sind. Malraux hat, glaube ich, mal gesagt, ab einem bestimmten Alter ist man verantwortlich für das eigene Mundwerk. Deshalb sage ich jetzt nicht, wir drehen in Seraing, sondern wir träumen davon, woanders zu drehen...

Luc Dardenne: ...aber die Geschichte scheint zu sagen: Das drehen wir in Seraing. Wir haben *Mystic River* gelesen, den Clint Eastwood verfilmt hat. Wir mochten den Roman sehr und haben gedacht, in Seraing könnten wir den verfilmen.

Frage aus dem Publikum: Gab es außer den Theaterauftritten Ihrer Mutter Dinge aus Ihrem Umfeld, die Sie als prägend für Ihre Genese als Filmemacher ansehen?

Luc Dardenne: Unsere Mutter sang Operetten bei uns im Dorf. Und unser Vater war Industriezeichner. Er hat in einer Firma in der Gegend gearbeitet. Aber seine Leidenschaft, das war ein katholischer Verein, die haben eine Erstaufnahme für Einwanderer gegründet, auch für geschlagene Frauen, für Leute im Dorf, die in Schwierigkeiten geraten waren. Unser Haus war ein offenes Haus. Es gibt eine Menge Sachen, da waren wir anderer Meinung, aber diese Offenheit gegenüber allen möglichen Leuten, Immigranten oder nicht, da waren wir uns einig. Bei uns waren auch ständig Leute aus dem Dorf und jede Menge Kinder. Es gab da mal eine Situation, Leute die in Schwierigkeiten waren, und unser Vater sagte: »Dann können die Kinder so lange bei uns wohnen.« Da waren wir schon etwas eifersüchtig... Ist ja normal.

Das Gespräch fand am 06.12.2016 in der Maison de France in Berlin statt.
Dolmetscherin Saskia Walker, Transkription Cécile Tollu-Polonowski,
Übersetzung und Bearbeitung Marcus Seibert.
Vielen Dank an Anne Vassovières und Emilie Boucheteil.

Luc Dardenne
DIE RÜCKSEITE UNSERER BILDER (1991–2005)

02/12/1991

Mit aller Energie Widerstand gegen das Schicksal des Kunstwerkes leisten, gegen die fühllose Macht, die es aussteift, zukleistert, einmauert, erstickt, balsamiert. Der Kampf gegen dieses Schicksal ist Kennzeichen echter Kunstwerke.

03/12/1991

Bilder mit breitem Quast malen, nicht mit dem Pinsel. Was wir zeigen, ist rau, voller Unebenheiten. Die gleiche Grobheit im Umgang mit dem Ton.

09/12/1991

Ich ersticke an den Bildern und der Musik dieses Kinos, das sich nur Dinge vorstellen kann, die der Wirklichkeit allen Raum zum Atmen nehmen. Fantasiebilder, aber keine Metaphern. Unterbrochene Übertragung, Verengung, verstopfter Durchgang. Zu Hilfe! Gegen diese Bilderkorken, diese bis zum Platzen vollgestopften Bilder / Musiken, die jedoch niemals zum Platzen gebracht werden, gegen diese vollen und geschlossenen Bilder das unbändige Bedürfnis nach Bildern und Tönen, die vibrieren, schreien, mit Füßen und Händen um sich schlagen, bis die Seifenblase platzt. Ein Loch. Ein Rahmen.

19/12/1991

Brauchen wir noch den Schock, müssen wir Kodierungen zerstören? Wichtig für einen Film ist es, dass es ihm gelingt, menschliche Erfahrung zu rekonstruieren. Ein echter Schock angesichts der Abwesenheit dieser Erfahrung in unserer Gegenwart.

26/12/1991

»Ich sehe keinen prinzipiellen Unterschied«, schreibt Paul Celan an Hans Bender, »zwischen Händedruck und Gedicht.« Mit diesem Satz eröffnet Levinas seinen Text über Paul Celan.[1]
Ich wünsche, wir würden es schaffen, einen Film zu machen, der ein Händedruck ist.

29/12/1991

Was sollen wir tun? Muss man immer weiter Filme drehen? Filme machen wollen? Wofür ist das gut! Der schlechte Film, den wir gerade gedreht haben, müsste uns eigentlich für immer von dieser Illusion, von dieser Überheblichkeit heilen. Können unser Land und seine Geschichte überhaupt Filmemacher hervorbringen, wie wir welche sein wollen, ein Kino, wie wir es am liebsten machen würden? Jedenfalls ist alles schon einmal gemacht worden und besser, als wir das jemals machen könnten. Die alten und jungen Filmemacher haben Recht, die den Tod des Kinos ankündigen, seine Beisetzung kommentieren. Sie haben Recht. Und genau deswegen! Gerade weil sie Recht haben, zwingen sie uns, meinen Bruder und mich, zu widersprechen, zu glauben, dass wir noch filmen, erfinden, etwas Neues machen können. Die »camera obscura« ist keine Totenkammer, in der man am Leichnam wacht. Gegenstand, der für immer verloren ist! Gegenstand, den wir niemals wiederfinden werden! Ist doch auch egal! Wir lassen uns nicht von der Melancholie bezwingen! Spucken wir die schwarze Galle aus! Lass die Toten ihre Toten begraben! Leben! Das kommende Kino leben! Es ist an uns, da mitzuhalten. In einem kleinen Land wie dem unseren wohnen. Das Milieu der Filmschaffenden meiden. Notwendige Isolation.

03/01/1992

Nicht darüber nachdenken, ob man dem Publikum gefällt oder nicht. Bereits mit einem Blick ist man dieser teuflischen Spekulation verfallen, die dich vollständig und für immer verschlingt. Allen Spiegeln aus dem Weg gehen, die sie uns vorhält, sich an die Schwärze halten, an die Leere, um der wesentlichen Bewegung näher zu kommen, der Bewegung des Sinnes, der sich auszudrücken versucht, der Bewegung der Form, die versucht einen Bildausschnitt zu finden. Wenn wir spüren, wie diese Bewegung uns ergreift, wenn wir sie wahrnehmen als etwas, das uns

1 Alle Zitatnachweise finden sich mit Datum des Tagebucheintrags im Anhang.

steuert, uns gleichzeitig zwingt und befreit, uns öffnet, dann ist das ein Zeichen der Gegenwart des Anderen; des Anderen, den wir in unserer vollständigen Einsamkeit getroffen haben. Das Kunstwerk, das aus dieser Bewegung hervorgeht, ist eine Ansprache an den Anderen. Wird es ein Publikum geben, das auf diese Ansprache antwortet? Das kann nicht unsere Frage sein.

19/01/1992

Raus. Einfach nur raus. Auf etwas treffen, auf jemanden, einen Stoff, eine Oberfläche, einen fremden Körper, unbekannt, was auch immer, aber raus aus mir selbst, aufmerksam sein, berührt. Ich halte es nicht mehr aus, immer drinnen zu sein.

Johan van der Keuken hat Recht, wenn er sagt, Kino ist keine Sprache, sondern ein Zustand. In unsere Filme (wenn wir noch welche machen) den rohen, unvorhersehbaren, spannungsreichen Zustand (Ökonomie der bedarfssynchronen Produktion) der gegenwärtigen Wirklichkeit übertragen.

Das Argument, ein Kunstwerk zeige den Schrecken, weil die Wirklichkeit schrecklich sei, ist nur eine dialektische Ausflucht.

21/01/1992

Wir müssen wieder bei null anfangen, im Wissen, dass das unmöglich ist. Das Bedürfnis, neu anzufangen, nicht zu wiederholen. Das Gefühl einer Dringlichkeit, die uns zwingt, etwas *so* zu sagen, ohne dieses *so* nach dem auszurichten, was alles schon gesehen worden ist oder was eben noch nie gesehen worden ist. In seine Einsamkeit herabsteigen und dort so lange bleiben, wie es nötig ist. Wie es nötig ist, um all diese Versuchungen bestimmter Rezepte und Effekte hinter sich zu lassen und am eigenen Leib zu erfahren, was wir zu sagen oder nicht zu sagen haben.

23/01/1992

Machen wir das, was wir können. Nicht mehr. Nicht weniger.

26/01/1992

Wenn du nicht mehr weißt, woran du bist, wenn du dich verirrt hast, erinnerst du dich an den, der dir zum ersten Mal einen Weg aufgezeigt hat. In der Kunst, im Kino war das Gatti. Er hat uns aus unserer Lethargie geholt und uns gezwungen, uns mit Poesie zu befassen, auf der Suche nach Zeichen des Menschen und seiner unzerstörbaren Hoffnung. Er lehrte uns ausgehend von unserer persönlichen Wahrheit zu erfinden, egal wie spärlich die Mittel sind, er lehrte uns die Strenge, die Entzauberung der Technik. Wir haben uns heute an die Geschichte über die Dreharbeiten von DER VERSCHLAG erinnert, die er uns erzählt hat. Es war der erste Drehtag. Er wusste nicht, dass er, um den Bildausschnitt der Kamera sehen zu können, sein Auge so fest auf den Sucher drücken musste, dass sich die Blende öffnet. Jedes Mal, wenn der Kameramann ihn bat, sich den Bildausschnitt anzusehen, setzte er das Auge an den Sucher, sah aber nichts. Nach einer gewissen Zeit hob er den Kopf und sagte: »Wir können drehen.«

10/02/1992

Unsere Bilder sollen nicht schicksalhaft sein. Sie sollen die Vorhänge der Totenkammer wegreißen, in der wir ersticken. Sie sollen nicht in die Karikatur abgleiten, die die Figuren auf Selbstähnlichkeit einschränkt und verhindert, dass man zu ihnen vordringt. Sie sollen keine plastische Gestaltungskraft ausstrahlen. Sie sollen ruppig behandelt, beschädigt, zerrissen werden von dem, was sich nicht zeigt. Sie sollen sich nicht so wichtig nehmen. Die auf den Bildschirm gerichteten Augen beten inständig:
»Erlöse uns von dem Bösen.«

15/05/1992

»Wenn du mich geliebt hättest, hättest du mich auch verändert.« Diese Erwiderung ist die der Zuschauer, die den Film nicht lieben konnten. Die Zuschauer derart lieben, dass ihr Verlangen in Bewegung gesetzt wird, dass sie sich für die Zeitspanne des Films öffnen.
Max Picard schreibt in *Zerstörte und unzerstörbare Welt*: »Durch die Liebe wird Gegenwärtigkeit erzeugt, es wird Zeit erzeugt, in der von der Liebe erzeugten Zeit dauert ein Ereignis, es läuft nicht davon, es bleibt.« Der Film schafft Zeit für den Zuschauer, die bleibt. Diese Zeit ist nicht das Mittel, mit dem sich das audiovisuelle Produkt den Zuschauer und all das, was an ihm beherrschbar ist, gefügig macht. Man wird sagen,

die Liebe des Films für den Zuschauer ist unmöglich, weil der Zuschauer sozial und kulturell so aufgestellt ist, dass er diese Ansprache gar nicht verspürt. Trotzdem muss jemand damit anfangen. Es ist unsere Aufgabe, damit anzufangen, selbst wenn das Scheitern eher der Ordnung der Dinge entspricht als der Erfolg.

25/06/1992

Lange Diskussion mit Jean-Pierre über die Art, wie wir nach der schlechten Erfahrung von ICH DENKE AN EUCH weiter Filme machen wollen. Eines ist sicher: kleines Budget und Schlichtheit in jeder Hinsicht (Erzählung, Szenenbild, Kostüm, Ausleuchtung, Team, Schauspieler). Ein eigenes Team finden, Schauspieler, die wirklich mit uns arbeiten wollen, die uns nicht mit ihrer Versiertheit blockieren, Unbekannte, die uns nicht gegen unseren Willen zu dem führen, was schon bekannt und anerkannt ist. Gegen die Affektiertheit und den vorherrschenden Manierismus: arm denken, einfach, nackt.
Nackt sein, alle theoretischen Überlegungen abstreifen, alle diese Kommentare, die sagen, was Kino ist, was es nicht ist und was es sein sollte usw. Nicht mehr Kino machen wollen, allem den Rücken kehren, was uns ins Filmmilieu hineinziehen will.

18/07/1992

Emmanuelle ist in Venedig, um ICH DENKE AN EUCH der Semaine de la critique vorzustellen. Sicher eine Absage. Warum haben wir diesen Film gemacht?

25/08/1992

Die Nazis haben einen Fotowettbewerb veranstaltet zum Thema des Augenblicks kurz vor dem Tod. Die Fotos wurden bei Exekutionen aufgenommen. Alles, was der Mensch machen kann, macht er auch, und in diesem Menschen steckt trotzdem noch ein Künstler, der in der Aufgabe eine großartige Herausforderung sieht, und ein Theoretiker, der das Erlebnis rechtfertigt.

04/09/1992

Ich habe DER MANN, DER LIBERTY VALANCE ERSCHOSS noch einmal gesehen.

Gerade eben habe ich ein Gedicht von Henri Michaux mit dem Titel *Mains élues* (»Erwählte Hände«) gelesen. Das Wort Meditation als Synonym für Schauen, genauso wünsche ich mir das Kino. Nicht alle Filme, aber mindestens einen unter tausend.

Befriedet, geheilt aus einem Kinosaal kommen... das reine Gefühl, ein Mensch unter Menschen zu sein. Später dann die Erinnerung an diesen Augenblick als einen Augenblick des Glücks.

06/09/1992

Viele Filme, so mein Eindruck, sind die bildliche und musikalische Übertragung einer zunehmend trivialen, auf platte Art offensichtlichen dramaturgischen Mechanik, ohne jeden Schatten, außer vielleicht dem vom Marketing-Leiter kalkulierten, der die Verbraucher in Alarmbereitschaft halten soll. Kein realer Schatten, kein Geheimnis, keine Verdichtung, kein Widerspruch, keine Frage ohne Antwort und vor allem nicht diejenige Frage, die jedes Kunstwerk bewegt, die der harte Kern jedes künstlerischen Ausdrucks ist: Was widersetzt sich und widersteht dem Ausdruck oder kämpft gegen ihn an?

12/09/1992

»Der Baum, der fällt, macht mehr Lärm als ein Wald, der wächst.«
Wir filmen fallende Bäume, achten auf die Faszination für die Bewegung des Sturzes, für die Katastrophenlandschaft, für den Lärm der Zerstörung. Auf die Stille angesichts dieser plastischen Kraft. Den Tod. Ist es denn möglich, den wachsenden Wald ohne fallende Bäume zu filmen? Ein Baum, dessen Sturz nicht spektakulär ist, ein Lärm, der eingebettet ist in die Stille des Waldes, der wächst. Unmöglich, den wachsenden Wald auszulassen. Unmöglich, ihn zum Schweigen zu bringen. Er lässt sich vernehmen in der Stille der Blume, die am Wegrand wächst. Die Blumenzwiebel ist gefangen in der skelettierten Hand eines Leichnams, ermordet und begraben von denen, die ihr Verbrechen verbergen wollten.

15/09/1992

Ich erinnere mich an diese Frau, die ein paar Meter neben mir im »Mokafé« saß, mit sich selbst sprach und mich ein paar Mal ansah, ohne mich wahrzunehmen, gefangen in ihren Wahnvorstellungen. Ich habe ein paar ihrer Sprüche aufgeschrieben: »...leider gibt es kein Gesetz, das Mörder bestraft. Zweimal haben sie mich schon umgebracht und niemand wurde bestraft...«

25/09/1992

Ein Arbeiter ist heute ein einsamer Mensch, das Exemplar einer vom Aussterben bedrohten Art. Das wollten wir in unserem Film ICH DENKE AN EUCH zeigen. Bleibt in diesem Prozess des Verschwindens ein Erbe bestehen? Und was für eines?

07/11/1992

Unfall und Mord. Die düstere Intimität, in der sich Mord und Sex treffen. Blut und Tränen des Opfers. Wir lieben das. Wir genießen diese Transfusion, die Übertragung von Blut, Schweiß, Sperma und Tränen der anderen in unsere Adern. Wir nehmen diese Kommunion der Körper an, genauso wie die Kommunion des großen medialen Körpers, in dem alle Körpersäfte in großem Stil und stetigem Strom zirkulieren.

08/11/1992

Den menschlichen Blick festzuhalten, in dem wir gleichzeitig Wunsch und Verbot zu töten lesen können, das ist die Bestimmung des Kinos. Dabei zu beachten: die ethische Seite des Bildes gleichzeitig und in Konflikt mit seiner ästhetischen.
Emmanuel Levinas hat geschrieben: »Ethik ist eine Optik.« Die Optik des Gesichts, Blickverhältnisse, die von den Bildern auf eine plastische Form reduziert werden statt zu Göttern erhoben. Das menschliche Gesicht als erstes Wort, als erste Ansprache.

01/12/1992

Wir lassen allmählich das unschöne Erlebnis von ICH DENKE AN EUCH hinter uns. Von Anfang an war das ein Missverständnis. Wir haben uns nur vorgemacht, dass wir wussten, was wir wollten. Nie wieder eine solche Erfahrung. Nein sagen können zu den anderen, aber auch zu sich selbst, was nicht einfach ist. Die einzig gute Erinnerung ist das gemeinsame Schreiben mit Jean Gruault in einem Zimmer des Hotels »Le Chariot d'or« in der Rue de Turbigo. Wir haben viel gelacht, viel getrunken und herumgesponnen. Er hat uns beigebracht, eine fiktionale Figur aus der Realität zu entwickeln und jeder Schwülstigkeit zu misstrauen. Das Auge soll trocken bleiben, wie bei SCARFACE.

Wir arbeiten an einem neuen Drehbuch. Wir suchen einen Titel, um unserem Vorhaben einen Rahmen zu geben, es zu begrenzen und es besser kennenzulernen.

Ich habe DIE ERMORDUNG EINES CHINESISCHEN BUCHMACHERS gesehen.

02/12/1992

Ich leite eine Drehbuchwerkstatt an der Freien Universität Brüssel. Ich weiß nicht mehr genau, warum ich diese Aufgabe vor drei Jahren angenommen habe. Vermutlich der Wunsch zu unterrichten. Mit welcher Berechtigung? Ich habe noch nichts Gültiges geschrieben. Ich fühle mich wie ein Hochstapler. Eine in unserem Land sehr verbreitete Figur. Zudem bin ich, wenn ich ein Drehbuch schreibe, nicht allein. Alle diese langen Gespräche mit meinem Bruder, um Situationen und Charaktere zu finden, die Bewegung der Entwicklung der Geschichte. Darauf achten, die Ideen der Studierenden nicht mit dramaturgischen Modellen / Rezepten zu bürokratisieren, die angeblich dazu dienen sollen, die sogenannte Drehbuchkrise zu lösen.

06/12/1992

Ich arbeite am Drehbuch. Arbeitstitel: »Das Kellerfenster«. Mir fehlen authentische Elemente, wie sie nur die Recherche liefern kann. Eines der Ziele des Films wird sein zu zeigen, wie Arbeiter ohne Aufenthaltsgenehmigung wirklich leben. Nicht ausdenken, weil das unweigerlich im Klischee endet. Beziehungen zwischen Figuren nur insofern erfinden, als sie die Radikalisierung dessen darstellen, was die Realität anbietet. Wir müssen unsere Ablehnung jedes Ästhetizismus so weit treiben wie möglich. Keine bekannten Darsteller zu nehmen ist bereits ein erster Schritt, damit der Zuschauer hier nichts verwechselt. Man darf die Vermittlung und Vertiefung durch Kulisse, Schauspieler, Ausleuchtung etc. nicht spüren. Alle diese Elemente müssen in das eine Gefühl, den einen Eindruck des rohen, ungeglätteten Lebens, das sich vor der Kamera abspielt, das sich aber auch in ihrer Abwesenheit so abgespielt hätte, eingeschmolzen sein. Die Kamera versucht zu folgen, sie wartet nicht auf etwas, weiß nichts.

26/12/1993

Der Titel des neuen Drehbuchs ist nicht mehr »Das Kellerfenster«, sondern DAS VERSPRECHEN.

17/01/1993

Was im Fernsehen heute »reality show« genannt wird, zeigt erneut, wie sehr Film dazu bestimmt ist, genau diese Wirklichkeit zu vierteilen. Und diese Vierteilung bringt nur gähnende Leere zum Vorschein. Zugang zu etwas, das es gar nicht gibt. Der menschliche, der wahre und schöne Eskapismus! Bloß weg von dem, was existiert, und das nur zu sehr. Der Film befasst sich mit dem, was nicht existiert, der Leere, dem Nichts, dem stets abwesenden Anderen. Ohne diesen Anderen äßen wir nur das Fleisch unserer Nächsten, tränken ihr Blut, vollkommen übersättigt von unserer eigenen Wirklichkeit. Gott ist tot. Sein Platz ist leer. Auf keinen Fall diesen Platz einnehmen wollen.

20/01/1993

Das Kind, seine absolute Unwissenheit angesichts der sich abspielenden Handlung. Isaak, das Brennholz auf der Schulter, begleitet seinen Vater. Ohne jeden Argwohn geht er hinter ihm, sieht seinen Rücken, das Messer in seiner Hand... »Wo ist aber das Schaf zum Brandopfer?« Alle, die an der Handlung beteiligt sind, wissen Bescheid, nur er nicht.
Gott weiß Bescheid, er hat Isaak angestiftet. Abraham weiß Bescheid, will niedergeschlagen die Anweisungen befolgen. Isaak weiß nichts und kann die richtige Frage stellen, die unschuldige Frage, die man nur stellen kann, wenn man nicht Bescheid weiß.
Vielleicht ist genau das die Unschuld: außerhalb der Handlung stehen. Die Unschuld von Isaaks Frage scheint das Vorhaben zu Fall bringen zu können, die Antwort könnte sein, das Opfer findet nicht statt. Abraham spürt die Macht der Frage des Unschuldigen. Hin und her gerissen zwischen Gottes Wort, das von ihm verlangt, sein Kind zu opfern, und den Worten dieses Kindes, das fragt, wo das Opferlamm ist, antwortet er:

»Gott wird sich ersehen ein Schaf zum Brandopfer.« Diese Worte deuten an, dass das Opfer nicht stattfinden wird, dass der Plan selbst das Opfer sein wird; sie kommen aus Abrahams Mund, ohne dass er sie selbst hört, als hätte er sie nur gesprochen, um seinen Sohn zu beruhigen. Abraham konnte keine andere Antwort geben. Er wusste es noch nicht, aber er hatte gerade Gott sprechen gehört und antwortete ihm. Denn Gott spricht durch das Unschuldslamm. Gott hat das nur angezettelt, um das Vorhaben aufzulösen.
Anders als im biblischen Text sieht sich der Unschuldige in der Geschichte mit einer Handlung ohne Gott konfrontiert, einer Handlung mit einem Gegner, dem Intriganten, der sich über die Frage lustig machen und den Unschuldigen töten wird. Allerdings stellt der Unschuldige auch hier seine Frage, die wahre Frage, die, durch die das Menschliche überlebt. Was können wir von unserer Bibellektüre aus Kindertagen »erben«, wenn sich kein Gott mehr finden lässt?

27/01/1993

> »Der erste, der wieder ernst wurde, war David. ›Du‹, sagte er zu Useppe mit beinah bitterer Ernsthaftigkeit, ›bist so lieb, daß allein die Tatsache, daß es dich gibt, mich in gewissen Augenblicken glücklich macht. Du könntest mich an … an alles glauben machen! An ALLES! Du bist zu lieb für diese Welt.‹«
>
> Elsa Morante, *La Storia*

19/02/1993

Ich habe geträumt, Aida sei mit einem Fallschirm auf den Strand herabgesegelt. Aus diesem Traum ist das ganze Bühnenbild für die Adaption des Theaterstücks *Aïda vaincue* von René Kalisky hervorgegangen, die wir machen könnten.
Der Himmel, das Meer, der Sand, die Zelte, ein Labyrinth aus Zelten und Stoffen, um sich gegen den Wind zu wappnen.
Die Leiber, die aus dem Sand hervorkommen. Der Strand wäre ein wirklicher Lebensraum.

25/02/1993

In Liverpool haben zwei Zehnjährige ein zwei Jahre altes Kind ermordet. Was ist das für ein Erbe, das sie zu dieser Tat bewegt? Der Zustand der Dinge in unserer Welt.

03/03/1993

»Wovon man nicht sprechen kann, darüber muss man schweigen«, sagt Wittgenstein. Das gilt auch für das Schreiben von Dialogen. Die Figuren nicht sagen lassen, was sie nicht sagen können. Sie können nicht aus ihrer Situation heraustreten, um sie mit Worten zu beschreiben. Sie sind drin. Es ist an uns, ihnen Worte zu geben, in denen das Schweigen der Worte hörbar wird, die sie nicht sagen können.

04/03/1993

Ich habe die erste Fassung von DAS VERSPRECHEN fertiggestellt. Leseprobe mit Jean-Pierre. Die erste Hälfte und einzelne Szenen der zweiten sind gut. Ich verliere den Rhythmus und die klare Zeichnung der Figuren in der zweiten Hälfte. Vorsicht vor meinem Mitleid für die Figuren. Dialoge finden, aus denen Spannung fließt. Um den Kern herum straffen, um die Szene herum, die immer unausweichlicher wird. Bis zum Äußersten gehen. Das ist das Schwierigste. Sich an DAS WORT[2] erinnern.

18/03/1993

> »Keine Manier zu haben, war von jeher die einzig große Manier.«
>
> Hegel, *Vorlesungen über die Ästhetik*

28/03/1993

> »Du siehst, wie es in diesem Land zugeht. Alles verschwindet, Menschen ebenso unausweichlich wie Dinge, die Lebenden zusammen mit den Toten. Ich betrauerte den Verlust meines Freundes, schon der Gedanke daran erdrückte mich. Ich konnte mich nicht einmal mit der Gewissheit seines Todes trösten – ich sah mich nur vor einer Leere, einem gefräßigen Nichts.«
>
> Paul Auster, *Im Land der letzten Dinge*

2 Regie: Carl Theodor Dreyer, 1955.

15/04/1993

Viele Fernsehsendungen werden auf Kosten einer gewissen sozialen Unterschicht gemacht, deren Umstände und Verhaltensweisen karikiert dargestellt werden und den Zuschauer zum Lachen bringen. Je näher dieser Zuschauer der Unterschicht ist (er weiß heute, dass man sehr schnell da hineinrutschen kann), desto lauter ist sein Lachen und verrät die Angst vor dem Absturz. Je weiter er von dieser Schicht entfernt ist, desto amüsierter und erfüllt von einem gewissen Mitgefühl ist dieses Lachen. Was die Medienleute betrifft, die diese Sendungen planen und herstellen, so ist ihr Lachen das einer Bande von Vorstadtganoven, die gerade ein krummes Ding gedreht haben.

27/04/1993

André Bazin schreibt in seinem Buch über Jean Renoir: »Renoir hat das Wesen der Leinwand erkannt: Sie ist nicht dazu da, das Bild einzurahmen, sondern sein Umfeld zu verbergen. [...] Anstelle der üblichen Bildstruktur des anekdotischen und theatralen Kinos, die es sowohl von der Malerei als auch vom Theater geerbt hat, anstelle der plastischen und dramatischen Einheit der ›Einstellung‹, setzt Renoir den zugleich idealen und konkreten Blick seiner Kamera. Infolgedessen versucht die Leinwand nicht mehr, der Realität einen Sinn zu *geben*, sie *liefert* ihn uns gleich einem Raster, das über einen chiffrierten Text gezogen wird.«

Auf diesem Weg weitergehen. Nicht das Bild einrahmen, sondern seine Umgebung verbergen. So weit gehen, dass man das Bild selbst verbirgt, bis der Bildrahmen im Material verloren geht. Bis das Bild Material auf der Suche nach einem Rahmen wird. Bis das Raster sich nicht mehr bewegen kann, sondern zur Chiffre des Dokuments wird.

29/04/1993

Jenseits der Techniken Suspense herzustellen, zur reinen Spannung vordringen. Der unsichtbare Kern strahlt, und man weiß nicht, was diese Strahlung hervorbringt und wann sie es hervorbringt. Man ist nicht mehr in Erwartung von etwas klar Benennbarem in diesem Zwiespalt, der den Wunsch auslöst, zu sehen oder zu wissen, was hinter der Tür ist. Man ist drinnen, in der Tür selbst, im geschürzten Knoten. Empfänglich für die kleinsten Erschütterungen des Fadens, der die Wörter, die Gesten, die Blicke miteinander verbindet. Man spürt, wie dieser Faden die Kehle berührt, wie er sich um unseren Hals legt, wie er sich lockert, wieder zuzieht. Man wird erst von der Lösung des Knotens, der Auflösung der Geschichte befreit werden, wenn der Faden abgeschnitten wird und seine Spuren auf unserem Leib hinterlässt. Ach, die schönen Narben!

25/05/1993

Eine Fabel der Mossi:
Zwei Brüder gingen ihre Felder bewirtschaften. Unterwegs sagte der eine: »Es ist mild.«
Der Winter kam und ging.
Als sie wieder auf die Felder gingen, zum gleichen Ort, wie im Jahr zuvor, fragte der zweite der Brüder: »Was?«
Der erste antwortete: »Der Honig.«
Die Fabel stellt die Frage, wer der beiden Brüder das bessere Gedächtnis hat.

12/06/1993

Treffen mit dem Verleiher, der aus Kairo zurück ist. Er war erschüttert vom Fanatismus der fundamentalistischen Bewegung und der Apathie der Intellektuellen. Die ängstigt mich auch. Die Diskussionen arabischer Intellektueller bleiben stets zwiespältig, sie kauen zu viel auf ihren alten Demütigungen herum und erklären sich zu einfach das Heute mithilfe des ewigen Gestern, mit Kolonialisierung und westlicher Missachtung. Wenn sie den Westen allein für ihre Situation verantwortlich machen, unterstützen sie noch dieses Gefühl des Hasses gegen uns und verhindern die mentale Vorbereitung ihrer Länder auf die Demokratie.

13/06/1993

Im Fernsehen: der erste Tag des Winterschlussverkaufs in einem großen Kaufhaus in Australien. Die Türen werden zum gleichen Zeitpunkt auf ein Signal des Kaufhausleiters von den Mitarbeitern und Mitarbeiterinnen geöffnet, die von dort im Laufschritt hinter ihre Kasse eilen, während die Menge, die sich vor den Türen zwei Stunden lang angestaut hat, auf die Ware und auf die Rolltreppen stürzt, Schwächere werden umgerempelt und teils niedergetreten. Das Schlimmste steht uns noch bevor.

16/06/1993

Ich habe gerade *Des andern Haus* von Silvio d'Arzo gelesen. Das ist genau das, was ich die Schaffung und Übermittlung von Dauer nennen würde.

30/06/1993

Mein Bruder. Ich könnte diesen Film nicht ohne ihn machen und er nicht ohne mich. Gegenseitige Abhängigkeit ohne jeden Vorbehalt. Sicher könnte er diesen Film ohne mich machen, vielleicht sogar ich ohne ihn, aber wir wüssten beide, dass es nicht der Film wäre, den wir zusammen gemacht hätten, und das würden wir bis in alle Ewigkeit bedauern. Wenn ich diese Notizen in der ersten Person Singular schreibe, weiß ich doch, dass sie in der ersten Person Plural geschrieben sind. Seine Fragen sind meine. Oft sind sie es, die mich dazu bringen, diese Notizen als Transkripteur gemeinsamer Betrachtungen, eines gemeinsamen Gedankens festzuhalten.
Das gleiche gilt für das Drehbuch. Ich halte die Feder, aber sie wird eigentlich von zwei Händen geführt. Schwer zu erklären. Das geht so weit, dass wir beide während der Niederschrift selbst ein starkes und manchmal bedrückendes Gefühl der Einsamkeit erleben.

01/07/1993

Mach Filme. Lies keine Texte über Filme mehr. Lerne beim Machen. Die Gefahr für den Autodidakten: fasziniert sein und deshalb vom Wissen über das, was er macht, überwältigt werden. Und dennoch.

Vorführung von ICH DENKE AN EUCH in Dünkirchen. Der Spaziergang von Fabrice mit seinem Sohn durch die Industrieruinen und über den Friedhof mit den stählernen Gräbern, in denen sein Vater ruht, ist eine Digression, die vielleicht etwas über das Proletariat von heute sagt: ein Mann, der seinem Sohn die Ruinen zeigt, in denen der Geist seines Vaters spukt.

22/08/1993

Gestern Abend habe ich die zweite Fassung von DAS VERSPRECHEN beendet. Ich spüre jetzt schon den Wunsch, das Drehbuch im Feuer des Films verbrennen zu sehen. Ich hoffe, dass Jean-Pierre neue Elemente für die Figur des Vaters beisteuern kann, der vielleicht noch zu abstrakt ist. Aber ich bin mir sicher: dieses Drehbuch zwingt zu einem Drehstil, der ganz in die Richtung dessen geht, was wir eigentlich machen wollen (kleines Budget, Team, das uns nahesteht, intensive Arbeit mit unbekannten Schauspielern), und viele Wirklichkeitsmomente sind dort angelegt. Unsere Kamera muss sie nur noch ans Licht bringen. Mir scheint, es gibt im Buch eine materielle Armut, die der spirituellen Verzweiflung zur Existenz verhelfen kann. Die Kulisse als Wüste denken.

09/09/1993

»Wir stehen auf dem äußersten Vorgebirge der Jahrhunderte! ... Warum sollten wir zurückblicken, wenn wir die geheimnisvollen Tore des Unmöglichen aufbrechen wollen? Zeit und Raum sind gestern gestorben. Wir leben bereits im Absoluten, denn wir haben schon die ewige, allgegenwärtige Geschwindigkeit erschaffen. Wir wollen den Krieg verherrlichen – diese einzige Hygiene der Welt – den Militarismus, den Patriotismus, die Vernichtungstat der Anarchisten, die schönen Ideen, für die man stirbt, und die Verachtung des Weibes.«

Marinetti, *Manifest des Futurismus*, 1909

»Vielleicht läuft die Geschichte darum heute so rasch ab, weil der Mensch keine Gegenwärtigkeit mehr hat [...]. Erst die Hingabe des Menschen hält ein Ereignis fest, erst durch die Hingabe ist ein Ereignis da. Durch die Liebe wird Gegenwärtigkeit erzeugt, es wird Zeit erzeugt, in der von der Liebe erzeugten Zeit dauert ein Ereignis, es läuft nicht davon, es bleibt.«

Max Picard, *Zerstörte und unzerstörbare Welt*, 1951

11/09/1993

Ich habe mir mit Kevin DIE FERIEN DES MONSIEUR HULOT angesehen. Was für ein Spaß. Wir haben beide viel gelacht und oft an den gleichen Stellen. Das Kind, das plötzlich im Lenkrad des Busses auftaucht, das Fuchsmaul und die Sporen an den Reitstiefeln, der Oberst, der in seinem Jeep aussieht, als wolle er in den Krieg ziehen, das Tennismatch, das Boot, das sich in ein Haifischmaul verwandelt, der Schlauch des Autoreifens, der zum Beerdigungskranz wird und auf dem Grab die Luft verliert, das wiederkehrende Autogeräusch... Es ist eine Eigenschaft wahrer Kunstwerke, dass sie zu einer Begegnung verschiedener Generationen beitragen und so den drohenden Mord abwenden.

14/09/1993

Ein Kino ohne Stil. Jeder Stil ist eine Karikatur, Ähnlichkeit mit sich selbst, ein Schicksal, eine Mumifizierung, ein Sieg der Nekrophilie in uns, die stets bereit ist, alles zum Erkalten zu bringen, was sich bewegt, nicht sofort seine Form findet, sein Bild. Ein Mord geschieht. Sofort erscheint die Form. Unmöglich, ihr zu entkommen. Und doch muss ihr etwas entkommen können.

20/09/1993

Ich habe MR. SMITH GEHT NACH WASHINGTON gesehen. Eine Nervosität, wie ich sie im Film liebe. Kein unnötiges Herumtrödeln, und der Film endet genau im richtigen Moment.

23/09/1993

Ich habe Kieslowskis DREI FARBEN – BLAU gesehen. Mir fehlt die Empfänglichkeit für das, was er zeigen wollte. Zu sehr Rezepte, zu sehr Hegels »Manieren«. Ich finde dort nicht die Schärfe und die Freiheit des DEKALOG wieder. Was ist da passiert? Warum fällt ein derart begnadeter, vielschichtiger und zurückhaltender Filmemacher in die Falle des hochtrabenden Ästhetizismus? Als ob seine künstlerische Kraft damit zusammenhinge, Körper, Gesichter, Stimmen, Blicke, Landschaften, Häuser, Geräusche, Farben, Sprache und das Licht seines Landes zu filmen. Es ist für Filmemacher nicht einfach zu emigrieren.

29/09/1993

Ich habe RAINING STONES von Ken Loach gesehen. Eine wunderbare Parabel. Die gleiche Bewegung wie bei Brecht, ohne dass die »eingeschränkte« Perspektive der Figur nur ein Vorwand wäre, erst hinterher zu entdecken, wie es wirklich war. Man ist bei ihm bis zum Ende. Die Szene, in der der Pater das Schuldenheft ins Feuer wirft, ist außergewöhnlich.

17/10/1993

Am Ende von *Das Unbehagen in der Kultur* schreibt Freud: »Die Menschen haben es jetzt in der Beherrschung der Naturkräfte so weit gebracht, dass sie es mit deren Hilfe leicht haben, sich gegenseitig bis auf

den letzten Mann auszurotten. Sie wissen das, daher ein gutes Stück ihrer gegenwärtigen Unruhe, ihres Unglücks, ihrer Angststimmung.« Freud hat das 1929 geschrieben, aber vielleicht waren Unruhe, Unglück und Angststimmung, die Ende des neunzehnten Jahrhunderts in Europa aufkamen, die Bedingung für die Geburt der Psychoanalyse als neue Wissensform, die in der Lage war, dieses Ansteigen des Aggressions- und Selbstvernichtungstriebes zu reflektieren.
Der Kinematograf entstand zur gleichen Zeit und im gleichen Europa, und auch er ist vielleicht ein Versuch, dem Menschen dabei zu helfen, seinen Weg im Labyrinth der zerstörerischen Lebenstriebe zu finden, einen Weg, auf dem »der ewige Eros eine Anstrengung machen wird, um sich im Kampf mit seinem ebenso unsterblichen Gegner zu behaupten.« Eine festgefügte Allianz des Kinematografen mit dem Eros liegt in diesem Blick, der in der Lage ist, die Bewegungen des Lebens in ihrer Einzigartigkeit dank der mechanischen Objektivität seiner Aufnahmeverfahren aufzuzeichnen, winzige und einzigartige Bewegungen, die den Faden der mit Leben erfüllten Zeit weben, die in uns, in unserer Kultur ein Erstaunen, ein Gefühl, eine eigenartige innere Bewegung entstehen lassen, denen es gelingt, die Selbstvernichtungstriebe für einen Moment ihrer Energie zu berauben, unseren Blick für die Stille zu öffnen, in der die Bewegung des Lebens entsteht. Es ist allerdings bekannt, dass der Kinematograf auch in der Lage ist, genau das Gegenteil zu leisten.

24/10/1993

> Edgar: »Welt, Welt, o Welt!
> Lehrt' uns dein seltsam Wechseln dich nicht hassen
> Das Leben beugte nimmer sich dem Alter.«
>
> Shakespeare, *König Lear*, Akt IV, Szene I

24/11/1993

> »Die Gewalt macht jeden, der sie erleidet, zum Ding. Wird sie in letzter Konsequenz ausgeübt, macht sie den Menschen zum Ding im wortwörtlichen Sinn, sie macht ihn zum Leichnam.«
>
> Simone Weil, *Die Ilias oder das Poem der Gewalt*

> »Wie ein Gas neigt die Seele dazu, den gesamten Raum auszufüllen, der ihr zugestanden wird. Ein Gas, dass sich zusammenzieht und

eine Leere hinterlässt, stünde im Gegensatz zum Gesetz der Entropie. Thukydides: ›Jeder übt die Macht aus, über die er verfügt.‹ Jeder dehnt sich so aus, wie er kann. Einhalten, sich zurückziehen bedeutet, eine Leere in sich entstehen lassen.«

Simone Weil, *Cahiers*

Bilder, die einhalten, sich zurückziehen, eine Leere in sich entstehen lassen... Ist das möglich? Gehört das Bild und damit auch das Filmbild nicht ins Reich der Macht? Könnten wir ein Bild auf die Leinwand werfen, das wie das Gesicht eines Gegenübers gleichermaßen verletzlich und intensiv jenseits seines plastischen Erscheinungsbildes wäre? Und wenn dieses Bild möglich wäre, hinterließe es eine Spur Intensität in der Seele des Zuschauers?

26/11/1993

Nenen hat mir die Geschichte einer Frau aus ihrem Dorf erzählt, die mit einem amerikanischen Soldaten ein Mischlingskind hatte, während ihr Verlobter noch Kriegsgefangener in Deutschland war. Die Leute aus dem Dorf verbündeten sich gegen sie und ihr Kind. Eines Abends warf sie sich in den Fluss. Als man ihre Leiche auffischte, fand man auch die des Kindes an ihrer Brust, festgehalten mit einem Strick, den sie um ihre beiden Leiber gebunden hatte.

27/11/1993

Wahren wir den äußeren Schein! Die verschiedenen äußeren Erscheinungen, sie leben, jede für sich, vielfältig, unvorhersehbar, fragil, sich verändernd. Hinter ihnen liegt nichts, das ihnen ihre Wirklichkeit streitig machen könnte, nichts Wesentlicheres, an dem wir uns erfreuen könnten. Widmen wir unser Leben den Erscheinungen. Hören wir auf, sie zu zerstören. Halten wir ein vor ihnen. Erkennen wir sie an. Leben wir mit ihnen. Ja, ganz einfach mit ihnen leben.
Sie sind es, denen auf der Leinwand erneut Leben eingehaucht wird, erlöst, wiedererweckt unter all dem, was wir vergessen haben, unseren Gespenstern, unseren Lügen, unseren Morden, und gerade deshalb lebhafter, intensiver, wirklicher.

Gegen die Mystiker jeglichen Schlages.
Die Kugel, die Stück für Stück den Leib eines lebenden Wesens durchschlägt, weiß, dass es nichts dahinter gibt. Von diesem blitzartigen Durchgang der Erscheinungen bleibt nichts, oder nur genau der Rest: der

Leichnam, die radikalste Transformation aller Erscheinungen.
»Nehmt alles weg, was ich da sehe!« hat er verlangt. Wir können ihm antworten: Dann sehen wir nur einen Haufen Leichen.

28/11/1993

»Als sie vom Weinen erschöpft war, dachte sie ans Essen.« George Steiner erinnert uns an diese Worte des Achilles. Ein heilsamer Rat für alle, die Figuren erfinden und die Beziehungen zwischen diesen Figuren. Den Figuren das Mitleid mit ihrem Kummer verweigern, sie allein lassen und taub bleiben für ihre Zurufe. Ihnen niemals zu Hilfe eilen oder sie in die Arme nehmen wie eine überfürsorgliche Mutter, die es erfüllt, sie an ihrer Brust weinen zu sehen. Sich eher wie ein Vater verhalten. Sie nicht alles machen lassen, ihnen nicht einfach ihre Exzesse und Mängel verzeihen. Streng mit ihnen sein und ihnen sagen: »Es reicht! Hör auf zu heulen! Geh mit den anderen spielen!«

01/12/1993

Zu zweit Filme machen? Mit meinem Bruder zusammen einen Film erfinden? Wie ist das zu verstehen? Zweifellos bin ich noch zu jung, um das zu verstehen. Wenn wir eines Tages zusammen diesen Film über unsere gemeinsame Kindheit machen, werden wir vielleicht besser verstehen, was uns zusammenhält. Ich hätte gerne, dass der Film mit einer schwarzen Leinwand anfängt, die mit dem Blick auf ein Zimmer aufblendet, Zwillingsbetten, in denen zwei Jungen im Pyjama liegen. Zwischen den beiden Betten: ein Lichtschalter. Kaum hat man die Kulisse erkannt, drückt der eine kleine Junge auf den Schalter: SCHWARZ. Der andere drückt noch einmal: LICHT, man sieht wieder die Kulisse. Der andere drückt erneut: SCHWARZ. Der andere wieder: LICHT... Ein zweistimmiger Off-Kommentar würde jeweils zu den Umschaltungen sagen: »Jeden Abend zankten wir uns um den Lichtschalter. Und eines Abends so heftig, dass wir das Licht 24-Mal in der Sekunde ein- und ausschalteten.« Diese erste Szene könnte davon unterbrochen werden, dass der Vater das Zimmer betritt und schreit: »Macht das Licht aus!«
Die Hände würden miteinander streiten, wer das Licht ausschaltet. Im Dunkel würden sie mit gedämpfter Stimme weiterzanken. Der Vater würde off aus dem Flur mit starker Stimme rufen: »Ruhe!« Nach einem Moment völliger Stille würde man die Stimme des einen Jungen flüstern hören: »Läuft die Kamera?«, die Stimme des anderen würde antworten: »Kamera läuft.« Dann beide gleichzeitig: »Und bitte!« Das Schwarz löst sich auf, und unter Walzerklängen Auftritt eines schönen und attraktiven

Frauen-Paares, die miteinander tanzen... Off-Stimme des einen Jungen: »Mama...«, Off-Stimme des anderen: »Tante Nenen.« Dann ein tanzendes Mädchenpaar, unsere Schwestern Marie-Claire und Bernadette, dann Papa, der die beiden Frauen trennt und mit Mama tanzt... Dann der kurzsichtige Richard, der Nenen auffordert... dann Victor und Victoria... dann Georges und Maria... dann Georges und Léa... dann Gustave und Octavie... dann Louise und Juliette... dann Philippe und Jeanine... dann Herr und Frau Levieux... Herr und Frau Maes... Frau Shosha und der Priester... Rica und ihr schwarzes Kind... Marcel le Jaune und Georgette... Die Tochter der Leflots und Robert... Wir verweilen bei Mama und Papa... dann auf Mama allein mit der Off-Stimme der beiden Jungs: »Gegrüßt seist du Maria voll der Gnade... Du bist gebenedeit unter den Frauen...« Dann auf dem Gesicht von Papa, beunruhigt durch Stimmen, die er zu hören scheint: »Unser Vater im Himmel, geheiligt werde dein Name, dein Reich komme, dein Wille geschehe...« Musik überdeckt die Stimmen der zwei kleinen Jungen... Man hört noch, die Kamera auf dem Gesicht von Mama, die verliebt Papa anblickt – ihn sieht man nicht: »Und führe uns nicht in Versuchung, sondern erlöse uns von dem Bösen...« Der Titel des Films wird eingeblendet: PATER NOSTER.

27/12/1993

Igor, der Junge im Drehbuch, das wir gerade fertigstellen, weiß nicht, warum er das macht, was er macht, und er wird herausfinden, was er alles nicht weiß.

02/01/1994

Ein neues Jahr beginnt. Ich hoffe, wir werden DAS VERSPRECHEN drehen können.

Ich lese *Die Räuber* von Schiller. Ich habe zwei Stücke von Brecht gelesen. Erfrischend.

Die Versuchung aller Versuchungen für den Künstler: Jammern. Ihr um jeden Preis widerstehen.

05/01/1994

Die Deutschen hätten die Mauer nicht am neunten November stürzen sollen, dem Datum der Kristallnacht. Die Mauer hätte am elften fallen müssen. Nach der Erinnerung an die Kristallnacht.

10/01/1994

Das Kino zeigt, was nahe an uns herantritt, nahe auf uns zukommt. Das hat mit einer Lokomotive angefangen, ging weiter mit menschlichen Körpern, Augen, Mündern. Das Theater lässt das Wort erklingen, wahrt aber Distanz. Das Kino sieht den Atem an einer Scheibe kondensieren, hört aber keine Stimme hinter dem Bühnengraben. Die Zunge bewegt sich, küsst, leckt, aber sie artikuliert nicht. Die Augen begehren, blicken eifersüchtig oder werden feucht, aber sie urteilen nicht. Die Lippen runden sich, wölben sich, zittern, aber sie sprechen nicht.
Wie würde man sich Teiresias im Kino vorstellen? Ein blinder alter Mann voller Ressentiments, der, weil er Jokastes Leib nicht sehen kann, das Verlangen des Ödipus in seiner Größe nicht versteht. Der sprechende Teiresias, der durch seine Worte verhindert, dass sich das Verlangen erneut Bahn bricht, treibt Jokaste in den Selbstmord und Ödipus dazu, ihm in die Blindheit zu folgen. Eine solche Figur, solche Reden konnten nicht dem Kino entspringen. Vielmehr Jokaste, ihr sinnlicher Leib, der dem Leib des Zuschauers näherkommt, seinen Widerstand bricht und nichts verstehen will. Zuviel wissen wollen endet in Augenausstechen wie bei diesem Theaterhelden. Das Nichtwissen, die profunde Ignoranz, sie bejaht das Kino. Das ist vielleicht das Echo des Ja, das mich immer begleitet, wenn ich einen dunklen Saal betrete, und das mich mit dem ersten Bild auf der Leinwand überwältigt. Endlich allein, endlich vergessen, im Stich gelassen, befreit von Teiresias und seinem ganzen Wissen.

11/01/1994

Noch mal DEUTSCHLAND IM JAHRE NULL gesehen. Jedes Mal die gleiche Intensität, die gleiche Schärfe. Das ist unser Modell.

12/01/1994

Sicher wird das Theater des Teiresias zu Heimweh nach dem Kino der Jokaste, das Kino dagegen immer eine kindliche Bewunderung für das Theater bewahren, für die Rede des blinden Gesichts, ohne das die kinematografischen Bilder nichts als Gespenster blieben, keine Werke hervorbringen, sich nicht an einen anderen wenden und keine Kunst sein könnten.

14/01/1994

Ich habe noch einmal unseren Dokumentarfilm LORSQUE LE BATEAU DE LÉON M. DESCENDIT LA MEUSE POUR LA PREMIÈRE FOIS (Als das Schiff von Leon M. das erste Mal die Maas herunterfuhr) gesehen. Ich erinnere mich noch gut an den Schnitt, wie wir die Off-Stimme geschrieben und unter extremem Zeitdruck gemischt haben. Jeden Abend rief Jean-Paul Tréfois an und wollte wissen, ob die Kopie zum geplanten Sendedatum fertig würde. Wir haben »ja« gesagt, aber die Wahrheit war ganz offensichtlich eine andere. In der letzten Woche, nachdem wir neue Zeitzeugenberichte aufgenommen hatten, haben wir Tag und Nacht gearbeitet und dafür jede Menge Medikamente geschluckt. Der Effekt der Medikamente hat sich sogar in der Stimme und dem Lyrismus des Textes niedergeschlagen.
Ich erinnere mich sehr gut an diese Woche ohne Schlaf in dem Zimmer in der Rue des Wallons. Jean-Pierre Bild und Luc Ton! Was für ein Team! Wir haben das verloren, aber wir werden es wiederfinden.

19/01/1994

Ich schreibe (fast fertig) an der dritten Fassung von DAS VERSPRECHEN. Viele Probleme mit der Figur der Frau, die wir nicht auf die Opferrolle festlegen dürfen.
Ein Drehbuch zu schreiben ist nicht einfach. Nichts entsteht da leicht. Ein dauerndes Ächzen und Stöhnen. Zum Glück sind wir zu zweit.

21/02/1994

In seinem langen Interview bezieht Orson Welles die Begriffe Unwirklichkeit / Theatralität / Wahrheit aufeinander. Theatralität ist ein Übergangszustand zur Unwirklichkeit, die eine umso prägnantere Wahrheit hervorbringt. Das Falsche als Zugang zum Wahren.

22/01/1994

> »Es ist aber eine feine ökonomische Kunst des Dichters, daß er seinen Helden nicht alle Geheimnisse seiner Motivierung laut und rest-

los aussprechen läßt. Dadurch nötigt er uns, sie zu ergänzen, beschäftigt unsere geistige Tätigkeit, lenkt sie vom kritischen Denken ab und hält uns in der Identifizierung mit dem Helden fest. Ein Stümper an seiner Stelle würde alles, was er uns mitteilen will, in bewußten Ausdruck fassen und fände sich dann unserer kühlen, frei beweglichen Intelligenz gegenüber, die eine Vertiefung der Illusion unmöglich macht.«

Freud, *Einige Charaktertypen aus der psychoanalytischen Arbeit*, 1916

01/02/1994

Die dritte Fassung von DAS VERSPRECHEN ist fertig. Ich hoffe, dass die moralische Entwicklung des jungen Igor sich dem Drehbuch entzieht.

08/02/1994

In seinem Text *L'autre dans Proust* (»Der Andere bei Proust«) schreibt Emmanuel Levinas: »Die Struktur der Erscheinungen, die einerseits das sind, was sie sind, und die Unendlichkeit dessen, was sie ausgrenzen.« Welchen Namen die Menschen im Laufe ihrer Geschichte auch immer dieser Ausgrenzung zu geben versucht haben, sie ist die Struktur selbst der Beschaffenheit des Menschen, die von der Kunst immer wieder neu nachgebildet wird.

15/02/1994

Die Konversion eines Individuums in der Nacht eines dunklen Raumes. Der heimliche Adressat unserer Filme.

16/02/1994

Auf deinem Rücken
Die Last eines verletzten Leibes
Herzmassage im Rhythmus deiner Schritte
Deine Schritte auf der Straße
Deine Schritte an Ort und Stelle, mit Blick auf die Wand
Halte nicht an
Geh weiter

22/02/1994

Ich habe mir mit Baptiste FREE WILLY angesehen. Selten so eine Ausbeutung emotionaler Mittel erlebt. Diese Maschinen zerstören durch die vollständige Unterwerfung unserer Seele die Gefühle, die sie schamlos ausbeuten. Fortschritt der intensiven Reproduktion von Kapital in der Kultur. Die Zerstörung der Vermittlungswege, die unsere menschliche Welt ausmacht, ist in vollem Gange.

23/02/1994

Lucie Harimalala ist heute früh am Flughafen gelandet. Sie trug ein kleines blaues Cape mit Kapuze. Ihre schwarzen Augen beobachteten uns. So nah, so weit weg.

05/03/1994

Die allgemeine Übereinkunft einer Ethik des Mitleids, wie sie heute herrscht, nährt sich von einer Ästhetik des leidenden, getöteten, entstellten biologischen Körpers, die von den Medien unaufhörlich verbreitet wird, insbesondere im Fernsehen. Anstelle der Fokussierung auf Massengräber oder biologische Körper, deren Leid gezeigt wird, täten die Fernsehanstalten besser daran, die Motive und Gründe der Todesfälle und des Leidens zu untersuchen, sich die Wirklichkeit daraufhin anzusehen, wie man das Übel bekämpfen kann, und nicht, welches Mitleid es hervorruft. Den Körper eines Hungernden zu filmen heißt für die Medien, einen stummen Körper zu filmen (ausgezeichnet fotografiert, was kein Zufall ist), das Leiden lebender Objekte ohne jedes Wort, das von ihren Leiden erzählen würde, von ihrer Auflehnung gegen dieses Leiden, das die Verantwortlichen anklagen würde. Die Fernsehkameras wollen nicht, dass diese Körper reden oder anders existieren als eine biologische Materie, die geopfert wird. Sie leben so sehr von dieser Opfervorstellung (und wir wiederum von den Medien), die durch Nahaufnahmen ins Absolute erhoben wird, dass sie sich manchmal über die von ihnen dargebotene Ware täuschen, über die Opferqualität des menschlichen Fleisches, wie das bei dem angeblichen Massengrab von Timișoara der Fall war (*șoara* bedeutet düster, symptomatisch für das Misstrauen). Das Bild des leidenden biologischen Körpers, die Opferästhetik war derart überzeugend, dass die Medien nicht genau hingesehen haben, was die Kameras tatsächlich filmten: menschliche Leichname, die aufgeschnitten und wieder zugenäht waren, aus dem Leichenschauhaus des benachbarten Krankenhauses, Körper, die also nicht das Massaker der Schlächter zeigten, sondern stattdessen die Arbeit der Ärzte, die gegen den Tod und das Leiden ankämpfen. Ein menschliches Wesen nicht als Opfer filmen, nicht reduziert auf den lebenden Beweis seines Leidens, dieses Wesen so zu filmen ist ein Akt des filmischen Widerstandes gegen die Menschenverachtung geworden, die sich im morbiden Mitleid der Opferästhetik eingerichtet hat.

16/03/1994

Ich würde gerne ein »optimistisches« Ende für das Drehbuch finden. Nicht versöhnen, was nicht zu versöhnen ist, sondern gegen den Verlust des Vertrauens in den Menschen ankämpfen, gegen diesen scheinbar hellsichtigen Gedanken, dass alle Anstrengungen und alle Handlungen des Menschen vergebens sind. Ohne Handlung, ohne Drama verschwindet das Menschliche. Im Drama gilt: »Der Mensch übersteigt unendlich den Menschen.« Das ist die Bedeutung des Kampfes von Jakob mit dem Engel.

25/04/1994

Ich bin krank. Ich lese Rimbaud: »Welches Leben! Das wahre Leben ist nicht mehr. Wir sind nicht auf der Erde. [...] Neben seinem geliebten schlafenden Leib habe ich unzählige Stunden der Nacht gewacht und suchte danach, warum er sich so sehr von der Wirklichkeit entfernen wollte. [...] Ich! Ich, der ich mich als Magier oder Engel bezeichnete, der von aller Moral entbunden ist, ich bin dem Erdboden wiedergegeben, vereint mit der Pflicht zu suchen und der rauhen Wirklichkeit zu umarmen! Bauer! [...] Empfangen wir alle Einflüsse von Kraft und wirklicher Zärtlichkeit. Und beim Tagwerden betreten wir, gewappnet mit heißer Geduld, die glänzenden Städte.«

Die Kunst ist auf der Seite des Bauern. Nicht auf der des Magiers oder Engels.

26/04/1994

Zum ersten Mal in ihrem Leben dürfen die Schwarzen in Südafrika wählen. Gewappnet mit heißer Geduld haben sie gewonnen, sie betreten die glänzenden Städte.

17/05/1994

Abendessen mit Dirk in der Taverne du Passage. Lange Diskussion. Wir müssen unbedingt mit kleinem Budget und Leuten aus unserem Umfeld drehen, mit Freunden. Wie Jean-Pierre gesagt hat. »Das ist ganz klar unsere Wahrheit.« Der ökonomische Zwang ist vielleicht für uns die Gelegenheit, unsere Schlagkraft wiederzufinden, unseren Bezug zur Wirklichkeit, der nicht mit diesem immer erdrückenderen Professionalismus der Filmproduktion leben kann.

19/05/1994

»Ton style c'est ton cul!«, wie Leo Ferré singt. »Dein Stil ist dein Arsch!« Das ist das Rätsel! Das widersteht! Schwarzes Faktum! Man stößt an. Man sieht nichts! Man wird da hingelangen! Aber was? Was? Nichts! Nichts zu erklären! Halt deine große Klappe!
Nichts zu sehen! Nichts zu sagen! Drinnen. Nachts. Am Scheideweg.

22/05/1994

Ich habe gerade die Neufassung einer Szene fürs Drehbuch fertiggestellt. Wenn ich sie nicht heute Abend geschrieben hätte, sondern morgen früh, wäre sie vielleicht nicht dieselbe. Aber ich habe sie eben heute Abend geschrieben. Das ist die Einzigartigkeit der menschlichen Zeitlichkeit. Das gleiche gilt für mein Leben, das Leben aller Individuen. Das Leben eines Individuums ist das, was es ist, und kann nicht verglichen werden mit einem anderen Leben, das auch seins gewesen sein könnte. Ich könnte natürlich die Version dieser heute Abend geschriebenen Szene mit der vergleichen, die ich morgen früh schreibe, aber dieser Vergleich wäre durch die Tatsache verfälscht, dass ich die Version von heute Abend bereits geschrieben habe und ich beim Schreiben der Szene morgen früh nicht so tun könnte, als hätte die von heute Abend nicht schon vorher existiert.
Wir sind alle einzigartige Wesen. Das ist immer wieder erstaunlich. Unmöglich, der eigenen Einzigartigkeit zu entkommen, und diese Unmöglichkeit drückt der Existenz, der Wirklichkeit dieser Existenz ihren Stempel auf. Was das Kino erfasst, ist ebenfalls Einzigartigkeit, die Einzigartigkeit einer Geste, einer Körperbewegung, einer Stimme, einer Stille, eines Ganges... Offensichtlich gibt es einen Zusammenhang zwischen Körper und Einzigartigkeit.

27/05/1994

»[...] meine elenden lückenlosen Kombinationen und Kettenschlüsse«, hat Henri Michaux geschrieben.

Genau diese leblosen Dinge bemüht das Kino von heute erneut, um die sogenannte Krise des Drehbuchs zu überwinden. So betrachtet ist das Kino eine angestaubte Kunst.
Der Tanz scheint viel eher vom Hier und Jetzt zu sprechen. Seine bildliche Darstellung ist lebendiger, unberechenbarer, freier, wilder, weniger konstruiert, weniger romanhaft, beschwört viel weniger die von unseren Körpern und unserer Gesellschaft ausgehende Gewalt. Der Tanz umarmt die Unordnung, stürzt sich in desorientierte Bewegungen, in Wirbel ohne die Gewissheit, was auf sie folgt, ohne jede Absicherung durch die elenden Kombinationen.

31/05/1994

Morgens. Neun Uhr dreißig. In meiner Straße. Pfändung durch einen Gerichtsvollzieher. Ein Lastwagen lädt ein Sofa und zwei mit verschlissenem Samt bezogene Sessel ein. Eine weiße Holzleiter, einen Gaskocher, an dem noch der rote Gasschlauch hängt. Eine Kommode aus lackiertem Pressspan. Alles, was von ihrem Besitz wertvoll sein könnte. Extreme Form der Gewalt.

04/06/1994

Die Verbindung von Gewalt des Films mit Gewalt der Wirklichkeit. Von welcher Art ist diese Verbindung? Gewalt im Film besteht nicht in der Darstellung der Gewalt der Wirklichkeit, sie überträgt auch nicht die Gewalt der Wirklichkeit auf eine andere Bühne, sie ist nur deren mit der Gewalt der Effekte gesättigtes Double, und damit begnügt sie sich. Die Tonspuren, die heute von Mischmeistern und Geräuschemachern hergestellt werden, sind exemplarisch für diesen phantasmatischen Wirklichkeitseffekt, der jeden Versuch einer Darstellung lähmt und tötet.

05/06/1994

Das zynische Bewusstsein befindet sich in unmittelbarer Nachbarschaft zum eigenen Unglück. Dieses Bewusstsein weiß, dass es unglücklich ist, es weiß, dass seine Ideale besser sind als der Zustand der Wirklichkeit, den man verändern könnte, aber es akzeptiert die Trennung von seinen Idealen. So ist es eben! Das ist die Realität! Unter dem Vorwand des Realismus arrangiert sich dieses Bewusstsein mit seinem Unglück, und weil dieses Arrangement das Bewusstsein des Unglücks nicht vollständig ausblenden kann, wird es arrogant, bösartig, voller Verachtung. Diese Art des Bewusstseins trifft man besonders oft im Fernsehmilieu und in der Werbung, dort also, wo die Steigerung der Zuschauerzahlen und die entsprechenden Rezepte die Entscheidung für die Verachtung fördern.

06/06/1994

»Jude konnte selbst sehen, wie er in ihren Augen Gestalt annahm.«

Toni Morrison, *Sula*

Jude kann sehen, wie er in dem Blick von Nel Form annahm. Sehen, wie man Form annimmt. »Tschüss, hübsche kleine Form«, sagt die Stimme von Johan van der Keuken zu Herman Slobbe, dem blinden Kind. Darin liegt genau die besondere Kunstfertigkeit des Kinos.

07/06/1994

Ich habe mir gerade die Rohschnittfassung von BICHORAI von Philippe de Perpont angesehen, gedreht in Burundi. Die Bilder und die Töne zeichnen das Leben einzigartiger Individuen auf, und so erscheinen sie auch auf der Leinwand. Kein Abgleiten in versteckte Inszenierung, die das Wirkliche dramatisch auflädt. Etwas aufnehmen und diese Aufnahme bestmöglich bewahren, selbst wenn man weiß, dass es einen Betrachterstandpunkt und Konstruktion usw. gibt. Unerträglich diese Dokumentarfilmautoren, die ihre Manipulationen als Dokumente ausgeben.

Levinas hat in *Schwierige Freiheit* geschrieben, dass die Seele nicht die Möglichkeit (meiner) Unsterblichkeit ist, sondern die Unmöglichkeit, (jemand anders) zu töten. Die Kunst wird von vielen als eine Manifestation unserer Möglichkeit der Unsterblichkeit angesehen, als hartnäckiger Wunsch nach Dauerhaftigkeit, als Anti-Schicksal. Könnte sie nicht auch die Ausprägung der Unmöglichkeit zu töten sein? Könnte sie nicht für diese Seele aufgeschlossen sein, die an sich die Unmöglichkeit, jemand anders zu töten, entdeckt? Auf die Leinwand blicken, auf das Bild, die Bühne, die Skulptur, die Buchseite, dem Gesang zuhören, der Musik, das wäre schon mal: nicht töten.

09/06/1994

Die ruandischen Kinder, die Schreckliches erlebt oder gesehen haben, sprechen nicht mehr. Vierzehn Tage, drei Wochen braucht es, bis sie die Sprache wiederfinden. So einer der Ärzte ohne Grenzen in einem Fernsehinterview.

12/06/1994

> »D e i n e n Vater weißt / Du, Freund: gib, daß dein Sohn auch so den seinen preist.«
>
> Shakespeare, *Sonett 13*

24/06/1994

Ein Gefühl von Überfrachtung und Überfülle. Man müsste alles wegfegen, rauswerfen, eine neue, nacktere Sprache entdecken, eine klarere Prosa, scharf und in der Lage, die Dinge neu zu benennen, zu unterscheiden, Auswahl zu treffen, den Gerüchten Einhalt zu gebieten, den ganzen Murks hinter sich zu lassen. Es gibt zu viel, viel zu viel.

31/07/1994

> »Häufig ist mir bewußtgeworden und habe ich betont, daß dort, wo alles erlaubt ist, nichts mehr überrascht. Chaos und Willkür langweilen: sie sind ›entropisch‹: man wird ihrer rasch überdrüssig wegen ihrer Gleichheit. Die Kost, so wie die gesamte ›Ordnung des Geistes‹ ist aus diesem Grund selbst heraus ›antientropisch‹: ihre Wirkung beruht auf dem Eindringen in immer höhere Ebenen der Gegliedertheit.«
>
> Václav Havel, Briefe an Olga, Nr. 106

10/08/1994

Es gibt etwas Schweres, Stickiges in der Existenz selbst. Daher stammt dieses nicht zu unterdrückende Bedürfnis nach einer Öffnung, nach einem Draußen. Ein Ruf nach frischer Luft, den alle unsere Blicke äußern, alle unsere Worte, alle unsere Gesichtsausdrücke, alle unsere unterdrückten Körper. Extremes Bedürfnis nach dem, was es nicht gibt. Unsere Epoche hat ernste Atemprobleme.

19/08/1994

In *Masse und Macht* schreibt Elias Canetti über Stendhal: »Er hat sich über alles ausgebreitet, das ihm Freude geben konnte, und er ist darum nicht schal geworden, weil er das *Vereinzelte* auf sich beruhen ließ. Er hat hat nichts zu fragwürdigen Einheiten zusammengefaßt.«

21/08/1994

Wir werden DAS VERSPRECHEN nicht diesen Winter drehen können. Probleme mit der finanziellen Unterstützung durch die Communauté française de Belgique, die französische Gemeinschaft in Belgien. Wie kann unsere Regierung hinnehmen, dass das gesamte Filmschaffen für ein Jahr ausgesetzt wird? Das ist kränkend.

Ich versuche an einem neuen Drehbuch zu arbeiten, aber ich schaffe es nicht, damit loszulegen. Ich werde ein paar Stücke von Edward Bond lesen.

Ich merke, dass ich zuletzt kaum Filme gesehen habe. Zum Glück gibt es die Cinémathèque in Brüssel. Ohne sie hätte ich nichts gesehen, ich hätte die Eindrücke von Murnau, Rossellini und Mizoguchi nicht gehabt.

28/08/1994

> »Eines Tages, mit zwanzig Jahren, kam ihm eine plötzliche Erleuchtung. Er machte sich endlich ein Bild von seinem Gegen-Leben und kam auf den Einfall, dass man einmal das andere Ende probieren müsse. Die Erde näher kennenlernen und vom Unbedeutenden Abschied nehmen. Er ging fort.«
>
> Henri Michaux, *Schwierigkeiten*

29/08/1994

Ich konzentriere mich wie im Leerlauf. Nichts für das nächste Drehbuch taucht auf. Ich sehe die Filme von Satyajit Ray.
Ich denke an das Buch Tobit, an das, was Kierkegaard darüber geschrieben hat. Ich lese das Stück *Die Geschichte von Tobias und Sarah* von Claudel.

30/08/1994

Enttäuscht von Claudel. Ich lese Michaux.

> »Das Filmband des Lebens ist sehr dünn, Herr Oberst. O wie hauchdünn es ist. Jeder weiß es. Aber man kann es vergessen. Das Filmband des Lebens... [...] Der Mensch geht in seine Ideenscheune. Diese Idee wird ihn töten. Was soll's, er muss hineingehen.«

Henri Michaux, *Zerreißproben*

01/09/1994

Das Drehbuch von DAS VERSPRECHEN wird von den Produzenten gut aufgenommen. Jean-Luc Ornières findet es großartig, aber er misstraut einer Regie zu zweit. Wir suchen uns einen anderen französischen Produzenten.

Der Titel des neuen Drehbuchs: ROSETTA. Eine Frau als Hauptfigur (Gewerkschaftsdelegierte?), die die Mutlosigkeit und Furcht in ihrem Umfeld ablehnt. Wir könnten auf diese Weise unsere Filme über die heutige Politik fortsetzen. Nicht über die Enttäuschung, sondern über die täglichen Kämpfe derer, die konkrete, schmerzliche Ungerechtigkeiten ablehnen.

Emmanuelle hat uns den Vornamen Rosetta nahegelegt, weil sie gerade einen Roman von Rosetta Loy las.

Der Titel des Drehbuchs, das die Geschichte einer Familie oder Gruppe erzählt, die gezwungen wird, sich zu entscheiden, welcher von ihnen sterben muss, könnte sein: DIE ENTSCHEIDUNG. Ich werde den Text vor oder während ROSETTA schreiben.

Habe ich schon mal ernsthaft Leid erfahren?

03/09/1994

> »Wer das Tiefste gedacht, liebt das Lebendigste.«

Hölderlin (zitiert nach Karl Jaspers)

11/09/1994

»Der Humor ist die diskreteste aller Utopien.«

Ernst Bloch

24/09/1994

Leonard: »Sie behaupten, es nicht zu tun, indem Sie es tun. Wörter bedeuten Ihnen nichts: Sie verständigen sich durch Zeichen mit Blut an Ihren Händen.«

Edward Bond, *Männergesellschaft*

15/10/1994

»Nur die Hand, die ausstreicht, kann etwas Wahres schreiben.«

Meister Eckhart

05/11/1994

Wir überarbeiten nochmal das Drehbuch von DAS VERSPRECHEN. Wir müssen das, was wir angelegt haben, auch bis zum bitteren Ende durchziehen. Bis zum bitteren Ende gehen, das ist die einzig gültige Regel.

06/11/1994

DAS VERSPRECHEN oder wie ein Junge dem Mord entkommt, den sein Vater begangen hat. Ein unsichtbarer und derart mächtiger Mord, derart erstickend, derart perfekt. Wie entkommst du dem, der dich liebt und den du liebst? Wer zieht dich da heraus? Wer gestattet dem Sohn schließlich ein Loch, eine Leere zu sehen, abzumessen, zu graben? Ein Anderer. Und dieser Andere muss von weither kommen, von sehr weit her.

16/11/1994

Ich habe noch einmal NANUK, DER ESKIMO gesehen. Die Sequenz mit dem Bau des Iglus, den Einbau des Eisfensters und des Eisblocks als Reflektor für Sonnenlicht. Mögen unsere Filme ein Iglu sein wie deines, Nanuk. Das ist alles, was ich mir wünsche.

21/11/1994

Unerträglich, diese Dokumentarfilme, die durch ihre realitätsverleugnende Inszenierung das Dokument dramatisieren, das sie dann aber als vermeintlich unmittelbar aufgenommen präsentieren. Zwischen Dokumentarfilm und Zuschauer gibt es einen stillschweigenden Vertrag über den Status der Kamera, als Aufnahmegerät der Wirklichkeit, die vielleicht originalgetreu nachgebildet, aber nicht zur Dramatisierung heimlich manipuliert wurde. Die Autoren dieser Dokumentarfilme wissen, dass der Zuschauer genau wegen dieses Vertrags der Wahrheit ihrer Bilder Glauben schenkt, und sie wissen auch, dass die Dramatisierung ihrer Bilder dieser Wahrheit scheinbar mehr Wahrheit verleiht. Deshalb dieser Betrug, um noch wahrer, noch wirklicher, noch stärker zu erscheinen, und umso stärker, wahrer und wirklicher, weil dem Zuschauer ihre Bilder als Abbilder einer nicht manipulierten Wirklichkeit erscheinen. Diese Dokumentarfilme lehren uns nichts mehr über die Welt, auch nichts über unser Leben oder das Leben der anderen. Unfreiwillig lehren sie uns, dass sich durch die Dramatisierung der Wirklichkeit die Wirklichkeit selbst in Stereotype verflüchtigt. Ein weiteres Mal geht der Film in die Falle der Macht seiner eigenen Bilder.

22/11/1994

Ich setze meine Proust-Lektüre fort. Manchmal schwierig, mich zu konzentrieren. Warum, weiß ich nicht, aber ich bleibe hartnäckig.

27/11/1994

Erneut stimmen belgische Produzenten, Journalisten und Autoren das altbekannte Lied an: Das belgische Kino ist imaginär. Mit »imaginär« meinen sie »nicht die Realität«. Warum weigert sich dieses Land, sich selbst zu betrachten? Wovor hat es Angst? Warum diese Verachtung des sozialen Lebens und der eigenen Geschichte? Warum diese Flucht in das, was sie »das Imaginäre« nennen? Symptomatisch, dass niemand bisher einen Film über die Deportation von 25.000 Juden in die Konzentrationslager gemacht hat. Niemand in diesem »Land des Dokumentarfilms«! Niemand! Es gibt genug Zeugenaussagen, es gibt schöne Filme von Frans Buyens und Lydia Chagoll, aber einen Film über das, was die Deportation der belgischen Juden war, das Verhalten unserer Behörden, der Presse, der Intellektuellen, der Polizei, der Bevölkerung, gibt es nicht. Der Film, den man unseren Kindern und Kindeskindern zeigen könnte, damit sie wissen, wie der Antisemitismus sich in unserem Land entwickelt hat – wo ist dieser Film? Wo ist er? Nirgends. Wir sind ein »pays de nulle part«, ein Nirgendwo-Land, haben bestimmte Surrealisten gesagt. Wie soll sich denn etwas in einem Nirgendwo-Land ereignen? Heutzutage wie schon gestern, so denken wir, habe sich in unserem Land nicht wirklich etwas ereignet. Diese kurze Meldung vom Januar 1939 in der Zeitung *Le Soir* zeigt, wie wir uns arrangieren, wie wir verdrängen, den Blick abwenden: »Anfang Januar dieses Jahres hat die Gendarmerie von Elsenborn im Wald von Nidrurn eine Gruppe von vierundzwanzig Israeliten, darunter auch einige Frauen, festgenommen, die unrechtmäßig nach Belgien einzudringen versuchten. Sie wurden von zwei ortsansässigen Schleusern begleitet. Dank ihrer Ortskenntnis ist es den beiden gelungen, durch den Wald zu fliehen. Die Israeliten sind zurück nach Deutschland überstellt worden.«

08/12/1994

»'n Bursche, der den ganzen Abend hier sitzt, vielleicht tut er lesen, oder es kommen ihm solche Gedanken. Manchmal fällt er in Nachdenken, und nix is da, woran er merkt, is es so oder nicht. Er sieht was, un kann doch nich sagen, is es richtig oder nicht. Kann sich nich an'n anderen wenden un rauskriegen, ob der's auch so sieht oder nich. Er kann nich wissen. Hat kein' Maßstab nich. Ich hab manches hier gesehn. War nich betrunken. Weiß nich, ob's im Schlaf war. Wär'n Bursche bei mir, so könnt er mir sagen, ob ich geschlafen hab, un's wär in Ordnung. So weiß ich nich.« Diese Worte von Crooks, dem schwarzen Stallburschen in *Von Mäusen und Menschen*, beschreibt unsere heutige Bedingtheit. Wir haben den Kontakt zur Wirklichkeit verloren, wir sind unfähig geworden, die Wirklichkeit herzustellen, zu beschreiben, zu zeigen. Wir waren nie so einsam, vereint im gleichen Wahn, verirrt in unserer Welt, die die Konsistenz einer Wahnvorstellung hat. Das ängstigt uns auf den Tod.

22/12/1994

> »Die wahre Eigenart liegt in der Fülle der realistischen und doch unerwarteten Elemente, die etwas ist wie der mit blauen Blüten besetzte Zweig, der sich über alles Erwarten noch aus der Frühlingshecke herausschiebt, die bereits voll entfaltet schien, während die rein formale Nachahmung dieser Eigenart (und dasselbe gilt von allen anderen Stilqualitäten) nur Leere und Eintönigkeit, das heißt, etwas der Eigenart geradezu Entgegengesetztes ist [...].«

Marcel Proust, *Im Schatten junger Mädchenblüte*

09/01/1995

»Für Frauen, die man liebt, gilt wie für Verschollene, dass das Bewusstsein, man habe nichts mehr zu hoffen, dennoch nicht bedeutet, dass man sich der Erwartung begibt.«

Marcel Proust. *Im Schatten junger Mädchenblüte*

11/01/1995

Ich habe mit André Dartevelle und Henri Orfinger wegen der Umsetzung eines Films über die Deportation der belgischen Juden gesprochen. Sie sind interessiert, vor allem, wenn man sich bemüht, die Rolle der belgischen Behörden zu zeigen. Man bräuchte eine Person, die perfekt Niederländisch spricht.

14/01/1995

Immer mehr Autos mit Allradantrieb auf den Landstraßen und in der Stadt. Hochgebaute Fahrzeuge, stählerne Stoßstangen, vergitterte Scheinwerfer. Sie drücken die neue Position der Wohlhabenden aus: Sicherheit und Aggressivität. Sie fahren wohlbehütet in ihren militarisierten Fahrzeugen. Sie wissen nicht, wohin, aber ihr Gefährt weiß das. Sie lassen es auf einen Zusammenstoß ankommen. Ihre Autos sind die Streitwagen eines schwelenden Bürgerkriegs. Eines Tages werden die, die man die Ausgeschlossenen nennt, diese Wagen umschmeißen und in Brand setzen. Die Wohlhabenden werden sich für Opfer einer plötzlich aufflammenden Barbarei halten. Wenn sie ihre blutüberströmten Kinder auf den Rücksitzen sehen, werden sie schlagartig von einer mörderischen Wut erfüllt sein und feststellen, dass auf den stabilen Überrollbügeln ihrer Fahrzeuge ein Geschützturm mit Maschinengewehr angebracht ist, bereit zum Gebrauch. Sie schießen ohne Unterlass, durchkämmen die Stadt, das Land auf der Suche nach dem Feind. Sie werden gnadenlos sein. Ihre Feinde ebenso.

15/01/1995

Wir haben Gérard Preszow gesehen, um ihm den Film über die Deportation der belgischen Juden vorzuschlagen. Er dankt uns, dass wir an ihn gedacht haben, aber er hat das gerade in seinem Buch behandelt und sieht sich nicht in der Lage, noch einmal in das Thema einzutauchen. Zu schmerzlich. Das Gefühl eingesperrt zu sein. Vielleicht in ein paar Jahren.

10/02/1995

> »Vielleicht liefen alle menschlichen Beziehungen nur darauf hinaus: Würdest du mir das Leben retten? Oder würdest du es mir nehmen?«
>
> Toni Morrison, *Der Gesang des Salomon*

Die Bedeutung der Lektüre von Toni Morrison für das Schreiben von DAS VERSPRECHEN. Nicht nur für die Figur der Assita, sondern auch für den Rhythmus, die Szeneneinstiege ohne verständnisdienliche Informationen, der raue, wilde und scharfe Ton.

25/02/1995

Ich schreibe erneut an DIE ENTSCHEIDUNG. Nicht die Versöhnung suchen. Wagen bösartig zu sein.

01/03/1995

Ich habe den Film von Richard Dindo über Che Guevara gesehen. Die Aussage der Lehrerin an der Schule, in der er erschossen wurde, hat mich erschüttert. Sie beschreibt das Scheitern des Marsches der Guerilleros, aber sie scheint auch anzudeuten, dass dieses Scheitern etwas enthielt, was ihm entging. Es ist eine Fehleinschätzung zu glauben, dass die Handlungen menschlicher Wesen nur dem einmaligen Moment verpflichtet sind, in dem sie sich ereignen. Es gibt eine Schicht, einen Bestandteil ihres Handelns, der erst zu den Späteren spricht. Diese Schicht spricht aus dem Gesicht und den Worten der Lehrerin.

02/03/1995

Die Profis des Audiovisuellen, die zuerst einmal Geld verdienen wollen, suchen in den Produkten, die sie entwickeln, nach einem tauglichen »Slogan«. Wenn sie diesen Slogan gefunden haben, den Ausruf der Anschlussfähigkeit, dann werden sie euphorisch, fühlen sich gut, so gut, als würden sie bereits in der Masse baden, die ihrem Produkt zujubelt.

04/03/1995

Das Drehbuch von DAS VERSPRECHEN ist von der Filmkommission der Communauté française de Belgique gut aufgenommen worden. Sie bewilligen uns fünfzehn Millionen von zwanzig beantragten.[3] Wir drehen im Oktober / November.

05/03/1995

Ich habe am Telefon mit Assita Ouedraogo gesprochen, die vielleicht die Rolle der Assita im Film spielen wird. Ihre Stimme gefällt mir sehr, so habe ich sie mir immer bei der Assita des Drehbuchs vorgestellt. Es gefällt mir auch sehr, dass sie Grundschullehrerin und »Laiendarstellerin« ist. Wir fahren im Mai nach Ouagadougou.

11/04/1995

ROSETTA. Vielleicht die Geschichte einer Frau (fünfunddreißig) über die Wiedergutmachung eines Unrechts. Angesichts einer Wirklichkeit, die ihr diese Wiedergutmachung versagt und sogar den Sinn einer solchen Wiedergutmachung nicht einsieht, ist sie dem Wahnsinn nahe.

11/07/1995

Ich habe mir fünf Filme von Peleschjan angesehen. Nie ist mir das Mysterium der Geburt derart bewusst geworden. Noch zu früh, um zu interpretieren, was ich gesehen habe. Das ist ein Kino, das Menschenmassen zeigt: bei Beerdigungen, Feiern, auf der Flucht, Berge, Feuer, Rauch. Elementare Bilder, aus denen Gesichter hervortreten, an denen die einsamen Blicke hängen bleiben. Der Eindruck einer Katastrophe.

13/07/1995

> »Sie ging an den Wagen entlang und bot ein paar bereits erwachten Reisenden ihren Milchkaffee an. Purpurn vom Widerschein des Morgenlichts beschienen, war ihr Antlitz rosiger als der Himmel selbst. Ich fühlte bei ihrem Anblick den Durst nach Leben, der jedesmal dann entsteht, wenn uns von neuem Schönheit und Glück bewußt werden.

3 15 Mio BEF hatten 1995 den Wert von 728.155 DM und heute von 375.000 Euro.

> Wir vergessen immer, daß beide etwas Individuelles sind, und ersetzen sie in unserem Geist durch einen konventionellen Typ, den wir aus einer Art von Querschnitt durch die Gesichter gewinnen, die uns gefallen, den Genüssen, die wir an uns erfahren haben, und so erhalten wir nur Abstraktionen, die kraftlos und matt bleiben müssen, da ihnen gerade jenes Charakteristikum einer neuen und von allen uns bislang bekannten unterschiedenen Sache fehlt, jenes Eigentliche der Schönheit und des Glücks.«
>
> Marcel Proust, *Im Schatten junger Mädchenblüte*

14/07/1995

Ich habe mir CHEYENNE von John Ford angesehen. Großartig. Einige Kritiker haben geschrieben, dieser Film hätte keine dramatische Konstruktion, keinen Rhythmus. Gerade dieser Mangel ist aber außergewöhnlich. Der letzte Blick von Ford war in der Lage, mit den Augen des Anderen, des Indianers zu sehen. Dieser Blick lag jenseits jeden Plots.

05/08/1995

In den Medien findet man viele Bilder, die die Schrecken Hiroshimas zur Schau stellen. Durch sie gelangt keine menschliche Erfahrung zu mir. Die ästhetische Glasglocke durchlöchern.

12/08/1995

Rosetta wird nicht verrückt. Sie schlägt sich durch und erreicht sogar etwas. Der Film muss sich mehr für die Lebenswirklichkeit dieser Frau interessieren als für das Drama. Schaffen wir es eines Tages, das Leben zu filmen?

26/08/1995

Ich war in einem Multiplex-Kino, um mir eine der neuesten Produktionen der Columbia anzusehen. Während der Vorführung gehen die Leute raus, um ihre Vorräte an Süßigkeiten, Pop-Corn usw. aufzufüllen. Die Haltung des Fernsehzuschauers, in die Kino-Säle übertragen. Die Kunst und das gemeine Leben verschmelzen. Die Bühne verschwindet. Einen Film machen, bei dem das Publikum Essen und Trinken vergisst.

27/08/1995

Die Kunst rettet weder die Welt noch sonst wen. Sie kommt danach. Zu spät also. Sie kommt erst, wenn der Mord schon stattgefunden hat. Sie macht es möglich, sich an ihn zu erinnern, aber nicht, ihn zu verhindern oder ihn nicht noch einmal zu begehen. Warum also weitermachen? Warum weiterhin Filme machen? Warum? Warum, wenn wir sicher sind, dass kein Kunstwerk jemals dem Arm des Mörders Einhalt gebieten wird? Vielleicht, weil wir uns dessen nicht wirklich sicher sind.

Ich habe gerade eine Fernsehserie gesehen. Ununterbrochenes Gerede! Unfassbar! Jede Geste wird von Worten begleitet, die sie kommentieren. Das Bild existiert nicht, es kann ja nicht reden.

31/08/1995

Es gibt diese Glasglocke, und wie alle anderen ist auch der Künstler in dieser Glasglocke gefangen und kämpft wie ein Verrückter darum, ein Stück Materie herauszureißen und hinauszuschleudern. Oft fällt das, was er wirft, an der Wand herunter, aber manchmal schlägt es Löcher hinein.

22/09/1995

Es gibt bösartige, schlechte Menschen. Es ist schwer, das zu akzeptieren, es ist zum Verzweifeln. Das Eingeständnis verlangt eine furchtbare Anstrengung. Trotzdem hat man erst nach dieser Anstrengung das Gefühl, ein menschliches Wesen zu sein. Viele Bilder (Bilder von einem selbst, die man die anderen bittet, einem zuzuschicken) müssen fallen, bis man beginnt, jemand zwischen den anderen Jemanden zu werden.

23/09/1995

Jean-Pierre hat gute Drehorte gefunden, die den Film aus der wallonischen Bildwelt befreien, auf die uns manche gern festlegen wollen. Wir suchen in den Orten, den Gesichtern, den Körpern, den Kleidern eine Mischung, eine Unbestimmtheit, die für unsere Epoche charakteristisch ist. Nichts ist mehr pur, gehört einem bestimmten kulturellen Erbe an, ist unberührt von jenen Begegnungen, die aus allem einen Bastard machen. Von diesem Blickwinkel aus betrachtet, ist unsere Epoche eine schöne Epoche, eine »belle époque«.

25/11/1995

Warum eine Geschichte erzählen? Um sich ans Drama zu erinnern und sich daran zu erfreuen, wie man ihm entkommen ist. Jede erzählte Geschichte ist in der Vergangenheitsform, selbst die, die erzählt, was in zehntausend Jahren sein wird.

02/12/1995

Ende der zweiten Drehwoche von DAS VERSPRECHEN. Die Darsteller sind sehr gut. Die Kamera posiert nicht. Vielleicht sind wir gerade dabei, das zu finden, was wir so lange schon machen wollten. Uns kommt es vor, als würden wir einen ersten Film drehen. Wir werden uns erst jetzt so richtig bewusst, in welchem Ausmaß das Scheitern von ICH DENKE AN EUCH heilsam war. Ohne diesen Film hätten wir niemals die Einsamkeit erlebt, die uns erlaubt hat, uns jene Frage neu zu stellen, die alle anderen enthält: Wo steht die Kamera? Das heißt: Was zeige ich? Das heißt: Was verberge ich? Verbergen, das ist zweifellos das Wesentlichste.

17/01/1996

Es ist zehn vor neun abends. Wir haben gerade den letzten Take der letzten Einstellung gedreht. Jean-Pierre und ich sind erschöpft. Der Eindruck, etwas gesucht und zum Teil gefunden zu haben. Am Ende der letzten Dreharbeiten hatte ich jeden Enthusiasmus verloren. Hier ist es das Gegenteil.

19/01/1996

Emmanuel Levinas ist während der Dreharbeiten gestorben. Der Film verdankt viel der Lektüre seiner Bücher. Seine Interpretation des Gesprächs, des Gesichts als erster Ansprache. Hätten wir uns ohne die Lektüre seiner Bücher Szenen wie die zwischen Roger und Igor in der Werkstatt vorstellen können oder die zwischen Assita und Igor im Büro der Werkstatt und auf der Treppe des Bahnhofs? Der ganze Film kann als ein Versuch angesehen werden, endlich zu einem Gespräch zu gelangen.

Während der Dreharbeiten haben Jean-Pierre und ich als kompromissloses Zweiergespann funktioniert. Das war wunderbar. Wie bei unseren ersten Dokumentarfilmen.

02/03/1996

»Jedes Wesen zerfällt, wenn wir es nicht mehr sehen: erscheint es dann das nächste Mal wieder vor uns, findet gleichsam eine Neuschöpfung statt, die verschieden von den früheren, von allen anderen ist.«

Marcel Proust, *Im Schatten junger Mädchenblüte*

03/03/1996

Gestern bin ich aus dem Krankenhaus entlassen worden. Ich trage einen Gürtel, der meinen Rücken unterstützt. Meine »Vision« von Rosetta hat noch nicht stattgefunden. Ich dachte, der Krankenhausaufenthalt würde sie heraufbeschwören, aber nichts dergleichen.
Jean-Pierre steckt in der gleichen Sackgasse.

10/04/1996

In allen Igor-/ Assita-Szenen, in denen sie sich ansehen, ist es immer Igor, der als erster den Blick abwendet. Igor hält den Blick von Assita nicht aus, weil er die moralische Integrität spürt, der er nichts entgegenzusetzen hat. Anders in der Schlussszene.

14/04/1996

DAS VERSPRECHEN ist für die *Quinzaine des réalisateurs* in Cannes ausgewählt worden. Wir sind zufrieden. Aber mit einem mulmigen Gefühl.

16/04/1996

Gegen alle Reden, die das interaktive Bild anpreisen und feilbieten: ein Lob der Passivität.

Aber passiv sein, damit man den Aufruf mitbekommt, sich mitziehen zu lassen, sich zu verlieren, nicht mehr zu wissen, wo ich bin, wer ich bin. Heute bestätigt uns alles, wer wir sind: Könige, Herrscher über unseren Arsch, über unsere Rechte, unsere Bilder... ein finsteres Königreich, in dem wir uns mit uns selbst zu Tode langweilen, in dem die einzige herrschende Leidenschaft die morbide Eifersucht ist, alles zerstören zu wollen, was die Begrenztheit unseres Königreichs beweist. Dieses Mal überlebt

Schneewittchen nicht. Unmöglich, einen Jäger zu finden, dessen Passivität groß genug ist, dass er die Möglichkeit des eigenen Todes vergisst, auf dass das Mädchen lebe.

18/04/1996

Könnten Sie bei uns einen Vortrag über das Kino halten? Nein, habe ich geantwortet, ich bin zu sehr beschäftigt mit unserem eigenen Film. Was hätte ich denn in so einer Konferenz erzählen können, wenn ich nicht diese Ausrede gehabt hätte, um mich aus der Affäre zu ziehen? Vielleicht die Geschichte des Spiegels und des Handlungsreisenden, die ich in einem Buch von Ernst Bloch gelesen habe. Im Amerika der fünfziger Jahre betritt ein weißer Handlungsreisender ein kleines Hotel und fragt nach einem Zimmer für die Nacht. Es gibt keine freien Zimmer mehr. Es gibt nur noch ein Zweibettzimmer mit einem freien Bett, das andere ist von einem »Neger« belegt... Da er keine andere Lösung sieht, willigt der Handlungsreisende ein und steigt in Begleitung des Hotelangestellten hoch zum Zimmer, stellt sein Gepäck ab und bittet den Angestellten, ihn am Morgen um fünf zu wecken, an die Tür zu klopfen und ihn in seinem Bett zu schütteln, wenn er nicht wach werden sollte. Das Bett am Fenster natürlich, nicht das des »Negers«. Vor dem Einschlafen entscheidet der Handlungsreisende noch, zur Bar herunterzugehen, wo er Bekanntschaft mit ein paar Leuten macht, mit ihnen trinkt, singt und zu einigen Jazzstücken tanzt. Irgendwann schminkt einer dieser Feierwütigen mithilfe eines angebrannten Sektkorkens das Gesicht des Handlungsreisenden schwarz, als er angeschickert singen will. Später in der Nacht wird er betrunken in sein Zimmer getragen und von seinen neuen Freunden zu Bett gebracht. Am nächsten Tag wird er um fünf vom Hotelangestellten geweckt, nimmt sein Gepäck und rennt zum Bahnhof, wo er seinen Zug bekommen muss. Er schafft es gerade noch rechtzeitig einzusteigen, verstaut sein Gepäck und geht zur Zugtoilette, um sich zu rasieren, und als er sein Bild im Spiegel über dem Waschbecken sieht, ruft er: »Der Idiot hat den Neger geweckt.«
Ein schwindelerregender Moment, in dem, so hält Ernst Bloch fest, der Mann »so verwirrend sich selbst nahe war, dass ihm das Weißsein vom Leib fiel.«
Vielleicht ist das der Spiegel der Filmkunst. Dem Zuschauer die Verwechslung der eigenen Person erlauben. Sich nicht wiedererkennen, sich für einen anderen halten, ein anderer sein. In der Nacht der filmischen Projektion den anderen wahrnehmen, der man selbst ist und den der Blick am Tage verdeckt.

21/04/1996

Gott ist tot. Das weiß man. Wir sind allein. Das weiß man. Es gibt nichts nach dem Tod. Das weiß man. Man weiß all das heutzutage. Wer ist dieses »man«? Eine Art Gerücht, das sich in Europa seit zwei Jahrhunderten ausbreitet. Es fällt leicht, sich von diesem Gerücht in Sicherheit wiegen zu lassen angesichts des Schwindels, das einen zwischen den zahlreichen Goldenen Kälbern erfasst. Es ist etwas Anderes, in seine Einsamkeit hinabzusteigen und in Kontakt zu treten mit dem Evidenten: Ich bin allein, und ich bin sterblich, das ist meine Bedingtheit, unser aller Bedingtheit. Wer diesen Abstieg wagt, wird freier heraufsteigen können. Er wird auch von einer Frage gequält werden, die ihn nicht mehr loslässt: Warum wird der Mord nicht wieder erlaubt?

08/06/1996

Mehrere Stunden vor dem Fernseher: Ausstrahlung einer neutralen Flut, taub, ununterbrochen, die uns mit ihrer unbestimmten Präsenz umfängt, erschlaffen lässt. Zustand der Apathie. Nahe dem, was Levinas beschreibt in Bezug auf das »es gibt«, das »Murmeln des Seins«. Kein Wort, kein Ton, kein scharfes Bild.

> »Das ist wie eine Dichte der Leere, wie ein Murmeln der Stille. Es gibt nichts, aber es gibt Sein, wie ein Kraftfeld. Die Dunkelheit ist das Spiel selber des Seins, das auch dann gespielt würde, wenn es nichts gäbe.«
>
> Emanuel Levinas, *Vom Sein zum Seienden*

In dieser Flut ertrinken. In der dichten Leere, die Last der eigenen Grenzen verlieren, sich auflösen im Gerücht des Nichts, nicht mehr existieren, das ist der tiefe Wunsch des Fernsehzuschauers. Alles soll annulliert sein, er selbst ein Nichts, das an nichts Anteil nimmt. Alle diese Bilder und dieser Lärm sollen eine Dunkelheit herstellen, in der er sich auflösen kann, verschwinden. Die Individuen sind müde, Individuen zu sein. Der innige Wunsch, kein Individuum mehr zu sein, daraus speist sich das Fernsehen, das ist es, was es sendet.

22/08/1996

> »Deshalb reduziert sich das Kunstwerk nicht auf die Idee: erstens, weil es Produktion oder Reproduktion von einem *Sein* ist, das heißt von etwas, das sich nie ganz *denken* lässt; sodann, weil dieses Sein

total von einer *Existenz* durchdrungen ist, das heißt von einer Freiheit, die erst über das Los und den Wert des Denkens entscheidet. Deshalb auch hat der Künstler immer ein partielles Verständnis für das Böse gehabt, das nicht die provisorische und heilbare Isolierung einer Idee, sondern die Unreduzierbarkeit der Welt und des Menschen auf das Denken ist.«

Jean-Paul Sartre, *Was ist Literatur?*

23/08/1996

»Der Mensch flieht vor dem Ersticken«, schrieb René Char. Das ist es, was wir erzählen, nichts anderes.

30/08/1996

Rückkehr aus Montréal. Ein langweiliges Festival. Viele Filme, aber die Projektoren zeigen nichts Neues. Glücklicherweise ist das Publikum sehr präsent und intelligent. Es rettet das Festival. Ebenso rettet die kosmopolitische, gastfreundliche Bevölkerung von Montréal diese Stadt, deren Architektur keinerlei Emotion hervorruft.

31/08/1996

Die größte Gefahr für den Künstler: die Komplimente derer, die ihn umgeben und die, ohne es zu wissen, oft mit besten Absichten, an seinem Untergang arbeiten. Jede Art der wohlmeinenden Entourage ablehnen, jede Form eines Hofes. Vereinzelt bleiben. Einsamkeit zu zweit in dem, was uns betrifft, was aber nicht bestehen kann, wenn nicht jeder für sich ebenfalls allein ist, sich nicht in einen Hof für den jeweils anderen verwandelt. Keine Konzession sich selbst gegenüber. Keine Konzession für den anderen.

01/09/1996

Was bedeutet es, eine Erfahrung zu machen? Da wäre die Idee der Prüfung und des Auswegs. Etwas auf die Probe zu stellen ist eine gewisse Form, aus diesem Etwas herauszukommen.

02/09/1996

ROSETTA kommt nicht voran. Immer noch keine Struktur. Ich setze meine Proust-Lektüre fort, aber für das Drehbuchschreiben löst sie nichts aus. Auch nichts von Jean-Pierre.

31/10/1996

Alle Vorschläge einer Finanzierung, eines Castings ablehnen, jeden »technischen Komfort«, der uns erlauben würde, »einen großen Film« zu machen. Wir sind zu jung, um zu sterben.

11/11/1996

Ein pathologisches Talent, in den Körper der anderen zu schlüpfen. Nicht mehr mit Sicherheit zu wissen, ob ich ich bin, ob ich behaupten kann, ein Ich zu sein.

24/11/1996

Geburtstag von Lucie. Familienspaziergang im Park von Meise. Immer noch außer Betrieb in Sachen Drehbuch.

27/11/1996

Ohne jeden Gott wären wir in der Lage, niemals zu töten, aber wir leben immer noch unter dem Einfluss dieses Gottes, der, weil er tot ist, alles zulässt. Wie das im Menschen finden, was ohne Gottes Hilfe unendlich ist?
Das Aufscheinen des Menschlichen filmen, den Übergang der Güte in den einfachen menschlichen Umgang zu fassen bekommen. Manchmal kann die Kunst dem Leben voraus sein.

28/11/1996

Unsere Frage lautet nicht: Wird der Zuschauer den Film lieben? Sondern: wird der Film den Zuschauer lieben?

29/11/1996

EIN BRIEF AN DREI FRAUEN. Nur Rücken und Haarpracht von Linda Darnell im Bild… In Erwartung einer Bewegung, in Erwartung eines Gesichts…

01/12/1996

Gegen den Ästhetizismus, der auf uns lauert, gegen das Plastische, den ganzen künstlerischen Krempel, der die Strahlen des Menschlichen hindert aufzuscheinen.

09/12/1996

Rosetta, die Frau, die sich abhärtet, um zu überleben, und am Schluss das verliert, was ihr am wertvollsten ist? Sie ist eine Arbeitssüchtige, die meint, nur aus der Arbeit könnte sie Anerkennung von anderen erfahren. Der menschlichen Gemeinschaft zugehören. Mit aller Macht den sozialen Tod zurückweisen.

17/12/1996

Ich habe *Mann ist Mann* gelesen und noch einmal *Mutter Courage*. Ich habe *Andromache* gelesen. Ich lese gerade *Der Gejagte* von Russell Banks.

18/12/1996

Warum Geschichten erzählen? Um im Dunkeln alleine keine Angst zu haben.

29/12/1996

Mit ROSETTA geht es voran. Ich habe zwar noch nichts geschrieben, aber wir hatten ein gutes Gespräch über die Hauptfigur. Sie existiert. Die Erzählung wird weniger ausdrücklich sein als in DAS VERSPRECHEN.

Ich überrasche mich dabei, dass ich die gleichen Gesten mache wie mein Vater. Heute Abend, als ich vor dem Schlafengehen die Haustür abschließen gegangen bin… Da bin ich gegangen wie er, das waren seine Schritte, seine Armbewegungen. Dem entkommt man nicht.

30/12/1996

Nach Russell Banks werde ich *Leben und Schicksal* von Wassili Grossman lesen, und dann *Psalm* von Gorenstein. Vielleicht finde ich dort das Klima, die Energie, den Zustand an Bedürftigkeit, den wir für Rosetta vorsehen. Ich weiß nicht warum, aber ich habe das Bedürfnis, zu lesen und Musik zu hören (die Klaviersonaten und -konzerte von Beethoven), bevor ich mich an die Niederschrift eines Drehbuchs begebe. Ich freue mich, dass ich die erste Fassung beendet habe und sie jetzt mit Jean-Pierre überarbeiten kann. Wir haben die gleiche Intuition in Bezug auf die Figur Rosetta. Am Ende des Films sollte sie nicht mehr allein sein.

31/12/1996

Hat Rosetta einen Schmerz, ein physisches Leiden? Hasst sie den Wind?

07/01/1997

Ich habe Neujahrswünsche von verschiedenen Personen und Institutionen bekommen, die gerade »in« sind. Sie wünschen mir kein gutes, sondern ein schönes Neues Jahr. Dem Ästhetizismus geht es gut. Den Leuten eher schlecht.

12/01/1997

Wir haben einen ersten Ablaufplan für die Erzählung von ROSETTA. Man folgt der Figur, und die Form der Erzählung wird die Form ihres Lebens sein, das heißt ohne romanhafte Einsprengsel, ohne Entwicklung einer Geschichte. Etwas Unsichtbares muss sich entwickeln: Das Schicksal von Rosetta, das, was sie einengt und wogegen sie sich auflehnt. Sie ist ein Mädchen ohne Mitleid mit sich selbst und den anderen. Sie will raus. Nicht um die gesellschaftliche Stufenleiter emporzuklettern (das ist das neunzehnte Jahrhundert), sondern schlicht um zu existieren, um nicht zu verschwinden.

15/01/1997

Keine Angst davor haben, das Material unserer Filme dem zu entnehmen, was die Wirklichkeit uns als das Ärmlichste darbietet.

20/01/1997

> »Vergeben bedeutet ja, daß man sich vor jemandem, dem man vergeben hat, nicht mehr zu schützen braucht.«
>
> Russell Banks, *Der Gejagte*

25/01/1997

Rosetta ist ein zorniges Mädchen, wütend, in die Arbeit festgekrallt, die ihr das Gefühl gibt zu existieren, nicht zu verschwinden. Am Ende muss sie diese Arbeit aufgeben, die sie dazu gebracht hat, den Jungen zu verraten, der ihr nur helfen wollte, sie vielleicht liebt.
Die Komplexität des menschlichen Wesens weiter ausarbeiten als in DAS VERSPRECHEN. Wie in DAS VERSPRECHEN geht es um eine Initiation, eine Geburt, einen neuen Anfang. Wieder einmal kann Hannah Arendt uns aufklären. In *Vita activa* schreibt sie: »Ohne diese Fähigkeit des Neubeginnens, des Anhaltens und des Eingreifens wäre ein Leben, das, wie das menschliche Leben, von Geburt an dem Tode ›zueilt‹, dazu verurteilt, alles spezifisch Menschliche immer wieder in seinen Untergang zu reißen und zu verderben. Gegen diese, natürlich immer bestehende, Gefahr steht die aus dem Handeln sich ergebende Verantwortlichkeit für die Welt, die anzeigt, daß Menschen zwar sterben müssen, aber deshalb noch nicht geboren werden, um zu sterben, sondern im Gegenteil, um etwas Neues anzufangen [...]. Das Wunder, das den Lauf der Welt und den Gang menschlicher Dinge immer wieder unterbricht und von dem Verderben rettet, das als Keim in ihm sitzt und als ›Gesetz‹ seine Bewegung bestimmt, ist schließlich die Tatsache der Natalität, das Geborensein, welches die ontologische Voraussetzung dafür ist, daß es so etwas wie Handeln überhaupt geben kann. [...] Das ›Wunder‹ besteht darin, daß überhaupt Menschen geboren werden, und mit ihnen der Neuanfang, den sie handelnd verwirklich können kraft ihres Geborenseins.«
Ohne das zu erzwingen, ohne es den Drehbuchregeln zu unterwerfen, das Material des Films selbst das Wunder finden lassen, das Rosetta rettet, die Geste, den Blick, das Wort, das einer neuen Rosetta zur Geburt verhilft. Wie Igor wird sie die menschliche Tatsache des Anfangs erfahren. Noch liegt das im Dunkel, aber genau dorthin müssen wir gelangen.

26/01/1997

Rosetta ist im Kriegszustand. Die Gewaltsamkeit, die ihren Körper und ihre Worte beherrscht, ihre Gewaltmärsche und die Vorstöße, um ihre

Arbeit zu behalten, ihre Unfähigkeit, sich Riquet gegenüber zu öffnen, der wütende Hass zwischen ihr und ihrer Mutter, der Erfrierungstod des Bruders, den sie mit der einzigen Wärme, über die sie verfügt, der ihres Körpers, wieder aufzuwärmen versucht, ihre Unterkunft, die einem Biwak gleicht, alle diese Dinge wirken zusammen, um allmählich ein Klima des Kriegszustandes zwischen Rosettas Lager und dem der Gesellschaft herzustellen. So erscheint die Gesellschaft denjenigen, die hinausgeworfen worden sind: wie eine Festung, in die es keinen Weg zurück gibt. Die Angst, die im Blut von Rosetta zirkuliert, löst sich auf in den Szenen der Versöhnung mit der Mutter und der Wiedergutmachung des Verrats durch die Kündigung ihrer Arbeitsstelle, die sie Riquet weggenommen hat. Sie wird keine Angst mehr haben zu verschwinden. Dafür muss sie aber Verrat und Mord hinter sich bringen.

29/01/1997

Rosetta quält die Angst zu verschwinden. In dieser Qual keimt die Idee des Mordes. Ihre Mutter töten, diejenige, die ihr das Leben geschenkt hat? Riquet, den Feind? Die Angst ist zuerst da, stärker als die Liebe. Sie führt das menschliche Wesen schlagartig in den Naturzustand des Tiers zurück.

31/01/1997

Wir machen das eine statt des anderen. Das andere ist: töten. Einen Moment leben, in dem man das vergessen kann, nennt man Glück.

08/02/1997

Rosetta, die Überzählige.

09/02/1997

Nach ROSETTA machen wir vielleicht einen Film über die Parabel des Verlorenen Sohns. Das meint aber nicht die Rückkehr des Odysseus. Warum kehrt er zurück, und warum war er aufgebrochen? Warum feiert der Vater ihn? Was für eine Beziehung besteht zum Vater von Kain und Abel?

10/02/1997

Hinaustreten... Exodus... Bloß raus... Gehen wir heute Abend raus?... Wir gehen raus, einen Film sehen... Welchen Film?... Natürlich eine Komödie... Schaffen wir es eines Tages, eine Komödie zu drehen?

18/02/1997

Für ROSETTA einen Titel finden, der einen Bezug zum Krieg hat? Zum Verschwinden? Wichtigkeit der Körper und Worte, deren Brutalität und Tierhaftigkeit nur die Angst vor dem Verschwinden bestätigen.

20/02/1997

Mehrfach denselben Film in großen Abständen sehen, kann man als Erwählung erfahren. Ich wurde von diesem Film erwählt, ich bin sein Erwählter, er erinnert sich an mich, in seinen Bildern, seiner Tonspur, irgendwo dazwischen, zwischen den beiden bin ich in ihm geblieben, er hat meinen Blick in Erinnerung behalten. Im Anderen bleiben können, das ist geliebt werden.

21/02/1997

Die Gewalt des Hasses, der Rosetta und ihre Mutter trennt und gleichermaßen verbindet, ist eine Form des Widerstandes gegen das Verschwinden.

13/03/1997

Keinen Plot konstruieren, nicht erzählen, keine Entwicklung organisieren. Bei Rosetta sein, bei ihr sein und sehen, wie sie auf die Dinge zugeht und wie die Dinge zu ihr kommen. Die Situationen sollen von sich aus zu ihr kommen, sie ereilen, ohne Vorbereitung, wie unvorhersehbare Ereignisse. Das verlangt eine minutiöse Konstruktionsarbeit in Bildauswahl und Schnitt.

17/03/1997

In ROSETTA wird viel mehr verdichtet als in DAS VERSPRECHEN. Die Gefühle verdichten, den Raum verdichten, die Körper verdichten, die Worte verdichten. Das unmittelbare Bevorstehen einer Explosion vermitteln.

19/03/1997

Rosettas »Gesicht in Waffen«. Gefunden bei Marguerite Duras. Wenn ich an Rosetta denke, dann denke ich manchmal an Suzanne aus *Heiße Küste*, manchmal an Sachenka aus *Le Rachat* (»Der Freikauf«) von Gorenstein.

03/04/1997

Es ist nicht nötig, das Böse in nächster Nähe, enggeführt, im Zentrum zu platzieren. Es taucht auf, einfach so, ohne Grund, am Rand einer Einstellung, die zu lange stehen bleibt, die zu weit kadriert ist, nicht gern gesehen wird. In diesem unangemessenen Blick tritt plötzlich das unmenschlich Menschliche auf, und man kann in gewisser Hinsicht an seiner Wirklichkeit Maß nehmen. Wir haben die Beerdigung von Hamidous' Leichnam unter Bauschutt in ziemlich totaler Einstellung gefilmt, »schlecht beleuchtet«, ein Bildausschnitt voller Hindernisse, die die Sichtbarkeit verschlechtern, und es ist diese Wirklichkeit des Bösen, die wir vermitteln wollten. Es gibt sicher andere Möglichkeiten der Darstellung, aber meiner Ansicht nach müssen sie alle jene Blickwinkel vermeiden, aus denen das Böse gut ausgeleuchtet und ausdrucksstark ins Bild gesetzt erscheint. Das Böse ist nicht vorstellbar, es tritt nicht als Bild in Erscheinung.

12/04/1997

Gedanken an die Anfänge treten wieder an die Oberfläche. Noch einmal dieser logische, furchtbar logische Wahnsinn zu erklären, was man ist und was nicht. Der Mensch ist nun einmal das, was er nicht ist, er ist nie das, was er ist.

14/04/1997

Manche Erwachsene zeigen ihre Feindseligkeit gegenüber anderen Personen in Worten und mit einer Mimik, die jenen Teil der Kindheit verrät, der offensichtlich niemals stirbt: die Grausamkeit.

22/04/1997

Ein Radiojournalist erklärt uns nach einem Interview, in dem er zahlreiche Fragen außerhalb des eigentlichen Themas gestellt hat: »Meine Hörer wollen alles über alles wissen, um an nichts denken zu müssen.«

Während der Arbeit an ROSETTA denke ich an das, was wir uns vorgenommen haben: keine Geschichte erzählen, keine Erzählung, keine starke dramatische Linie vorgeben, die das Eigenleben von Rosetta behindert. Trotzdem gibt es eine Erzählung. Dostojewski noch einmal lesen. Die Geschichten der *Aufzeichnungen aus einem Totenhaus* sind nicht so konstruiert wie die Geschichte von *Schuld und Sühne*.

05/05/1997

Ist Rosetta nicht zu schrecklich? Und ihr Leben, ist das nicht auch zu schrecklich? Sich nicht zufrieden geben mit schierer Nachahmung. Den anderen finden. Ist das vielleicht alles nicht so schrecklich, wie sie denkt, wie das, was ihre soziale Determinierung sie denken lässt? Als ob die Gesellschaft ein Komplott gegen sie schmieden, sie Richtung Tod drängen würde. Selbstmord oder Mord.

09/05/1997

Rosetta verschließt sich allem gegenüber, den anderen, dem Leben, sich selbst. Sie ist angepasst (überangepasst) in ihrer Angst, den Dingen, denen sie sich stellen muss, nicht gewachsen zu sein. Sie will nicht untergehen. Hegt sie ein Bild von sich selbst, das mit der Treue zu einem (idealisierten) Bild ihres Vaters zu tun hat? Manchmal denke ich, dass in der ein oder anderen Weise eine Vaterfigur auftreten müsste, und dann wieder denke ich, das wäre unvermeidbar die äußerste psychologische Erklärung des Verhaltens von Rosetta. Das gilt es absolut zu vermeiden.

10/05/1997

Zeitgenössisches Paradox: die Ästhetisierung der Wirklichkeit fordert die Entästhetisierung der Kunst.

Warum gibt es diese Figuren, die leiden und leiden lassen? Manchmal sage ich mir, es liegt etwas Sadistisches in unserem Blick. Manchmal sage ich mir, wir wollen lebendige, wirkliche Körper entstehen lassen, und Leid ist eine Bestätigung dieser fleischlichen Existenz, dieser Fleischwerdung. Manchmal sage ich mir, wir denken vielleicht, nur Leidende könnten eine Geschichte hervorbringen, oder es gibt keine Geschichte ohne Leid, ohne Veränderung, Wechselfälle, Übergänge, also auch (wenn auch nicht nur) Leid. Manchmal sage ich mir, dass es in meinem Innersten (und bei meinem Bruder vielleicht auch) eine Angst vor den Menschen gibt, die wir sind, eine Angst vor dem Bösen, dessen wir fähig sind, dessen ich fähig bin. Vielleicht zeigen wir das Werk des Bösen, um uns selbst diese Angst zu nehmen. Sicher deswegen... Aber auch wegen des Moments, in dem ein menschliches Wesen, eine unserer Figuren, dem Einfluss dieses Werks entkommt.

11/05/1997

»Das spirituelle Leben ist wesentlich für das moralische, und sein bevorzugter Wirkungsort ist die Ökonomie.« Dieser Befund von Levinas entspricht dem unserer Filme.

15/05/1997

Rosetta verfügt nicht über Psychologie, weil sie Aufgaben zu erfüllen, Dinge zu erledigen hat. Ihr ganzes Sein ist besetzt, beherrscht von dem Gedanken, verfolgt, bedrängt zu werden von dem, was sie machen muss, suchen muss, finden muss.

16/05/1997

Ich habe gerade den Text von Arendt über Kafka gelesen. Rosetta ist auch eine Paria, die schlicht die elementaren Rechte jedes menschlichen Wesens einfordert; auch sie zweifelt an der Realität.

> »Derjenige aber, der wie der Paria aus der Gesellschaft herauskomplimentiert wird, kann trotz dieser Einsicht nicht von Glück sagen;

denn die Gesellschaft prätendiert, daß sie ›wirklich wäre‹, und will ihn ›glauben machen, daß er unwirklich ist‹, ein Niemand. [...] Der Konflikt zwischen Gesellschaft und Paria geht also keineswegs nur um die Frage, ob die Gesellschaft sich gerecht oder ungerecht zu ihm verhalten hat, sondern darum, ob dem von ihr Ausgeschlossenen oder dem gegen sie Opponierenden überhaupt noch irgendeine Realität zukommt.«

Hannah Arendt, *Die Verborgene Tradition*

26/05/1997

Wir versuchen keine Geschichte zu erzählen, sondern das Verhalten einer Person zu beschreiben, deren ganzes Sein beherrscht wird vom besessenen Wunsch, eine normale Existenz zu führen, Teil der Gesellschaft zu sein, nicht hinausgeworfen zu werden, nicht zu verschwinden. Eine Art Charlie Chaplin, der sich schämt, Charlie Chaplin zu sein, eine Vagabundin, die tötet, um ihre Lebensbedingungen hinter sich zu lassen. Kein Humor. Vielmehr Angst.

31/05/1997

Die Unternehmer, die heute in der amerikanischen und europäischen Kinoindustrie regieren, produzieren Filme, die zu einer Planbarkeit der Bedürfnisse und Geschmäcker beitragen, die der Kinoliebhaber vom Vorspann an als Zeichen einer allgemeinen und auf die Befriedigung der Wünsche zielenden Dienstbarkeit erkennen kann. Für jene ist der Film charmant, toll, erstaunlich und genial. Für ihn nur vulgär, kitschig, einfach gestrickt und schlecht.

01/06/1997

Die filmische Reproduktion hinter uns zu lassen beginnt damit, die Körper, die für diese Reproduktion verwendet werden, nicht erneut auftreten zu lassen. Neue Körper finden. Nicht teilnehmen an diesem riesigen Unternehmen des Klonens, das verhindert, dass Neues zu filmischer Existenz gelangt.

20/06/1997

> »[...] in der Alltagssprache nähern wir uns dem Nächsten, anstatt ihn im ›Enthousiasmus‹ der Eloquenz zu vergessen. [...] Doch in dieser Nähe des Nächsten, der in dieser Nähe der ›ganz Andere‹ ist, entsteht, über die *Klüfte* der Rhetorik hinaus auch die Bedeutung einer *Transzendenz* von Menschen zu Mensch, auf die sich alle Metaphern beziehen, die das Unendliche zu benennen imstande sind.«
>
> Emmanuel Levinas, *Außer sich*

23/06/1997

Essen. Trinken. Wohnen. Das ökonomische Leben, Ort des moralischen Lebens, was so viel heißt wie des spirituellen. Daraus wird der Film ROSETTA bestehen, und aus dem, was die drei Grundelemente verbindet: Arbeit und Geld.

25/06/1997

> »Was man sagt, der kommunizierte Inhalt ist nur dank diesem Verhältnis des von Angesicht zu Angesicht möglich, in dem der Andere, noch bevor er erkannt ist, als Gesprächspartner zählt. Man blickt einen Blick an. Einen Blick anblicken heißt anblicken, was sich nicht preisgibt, sich nicht ausliefert, sondern einen ins ›Visier‹ nimmt: es heißt das Gesicht (visage) anblicken.«
>
> Emmanuel Levinas, *Schwierige Freiheit*

Es ist dieser Blick von Rosetta, den wir für den Zuschauer sichtbar zu machen versuchen werden. Dafür sorgen, dass sie als Gesicht existiert, dass sie die Gesprächspartnerin wird, bevor sie erkannt ist, und sie niemals wirklich erkennbar sein wird. Wir werden keine Informationen geben, die ihre Vergangenheit erklären, ihre Geschichte, ihr Verhalten. Sie wird da sein, ein Gesicht, das die Augen derer anblickt, die sie in der Nacht des Kinosaals anblicken.

26/06/1997

Beim Schreiben des Drehbuchs mit Jean-Pierre wird mir bewusst, dass wir womöglich wirklich auf etwas Neues stoßen. Wir arbeiten nicht an Kausalzusammenhängen, an Übergängen. Wir zeigen Rosetta, wie sie hier ist, wie sie dort ist, wie sie an diesem, wie an jenem anderen Ort handelt, und dieses Hiersein, Dasein, dieses hier so Handeln und dort so, schafft ein Universum, eine Stofflichkeit, eine Welt, die als *das* zum Vorschein kommt, wovon sie eigentlich weg will, was verschwinden soll (oder eben sie). Kampf zwischen dieser Welt und der Figur aus dieser Welt um das Verschwinden, den Tod eines der Kämpfenden. Bewegung des Ausbrechens gegen die Bewegung des Einsperrens.

22/07/1997

Bei dieser Figur zu sein (Rosetta) bedeutet für uns Autoren: uns nicht abgrenzen, keine Distanz herstellen durch Dialoge, eine andere Figur, eine Szenenkonstruktion, die einen Standpunkt vorgibt, den die Figur nicht einnehmen könnte. Wenn Rosetta ganz in Anspruch genommen und geradezu besessen ist von einer Sache, müssen wir in dieser Inanspruchnahme, in dieser Besessenheit bleiben. Das Gleiche gilt für die Kamera: Sie soll so viel wie möglich mittendrin sein. Das grenzt die Möglichkeiten des Schreibens stark ein und macht es vielleicht auch unmöglich. Umso besser.

Besessen sein von etwas heißt, dieses Etwas vor sich haben, direkt vor dem Gesicht, keine Chance, es wegzubekommen. Was auch immer die Bewegung ist, die man macht, es bleibt da, vor einem, ganz nah bei einem, es lässt einen nicht los, es bedrängt einen. Es ist da, unabänderlich, unwiderruflich, ewig ist es da. Und man selbst hält es nicht länger aus, da zu sein.

Ich habe *Psalm* von Gorenstein gelesen, *Die Scham* von Annie Ernaux. Ich lese gerade *Madame Bovary*. Danach werde ich erneut Proust lesen. Ich habe die Lektüre von *Leben und Schicksal* und *Heiße Küste* beendet. Suzanne ist Rosettas Stichwortgeberin: »Ich habe kein Verlangen danach, von jemand in den Armen gehalten zu werden.«

04/08/1997

Gutes Gespräch mit Jean-Pierre im Thalys. Ich glaube, wir haben jetzt den letzten Teil des Drehbuchs. Ich weiß nicht, welcher Film dabei herauskommen wird, aber wir haben lange intensive Bewegungen, die wir gerne filmen möchten.

10/08/1997

C. wohnt in Brüssel, ist arbeitslos und geht den ganzen Tag durch die Stadt. Am Abend kehrt sie erschöpft zurück nach Hause. Rosetta ist auch jemand, die geht. Bei Dostojewski gehen die Figuren auch ununterbrochen. Physische Bewegung, die geistige Bewegung ist. Die Suche nach einem Platz, nach einem Ort, wo man hingehen kann. Endlich einmal den Kopf ausruhen!

17/08/1997

Ich habe DIE VERGESSENEN (LOS OLVIDADOS) im Museum gesehen.

Bevor Rosetta in den Film tritt, gab es sie bereits, und nach der letzten Einstellung des Films wird sie weiterexistieren. Als wäre das die Figur eines Dokumentarfilms, die auch unabhängig davon, ob wir sie mit unserer Kamera filmen, existiert. Wir filmen einen Moment ihres Lebens.

19/08/1997

Alain Berenboom hat mir gesagt, dass er in DAS VERSPRECHEN das Klima von Leuten wahrnimmt, die überlebt haben, wie in einigen Science-Fiction-Romanen. In ROSETTA herrscht das gleiche Klima. Unsere Figuren müssen jenseits des schieren Überlebensdrangs wieder zu existieren lernen – »was menschlich ist im Menschen«, hätte Wassili Grossmann gesagt.

20/08/1997

Die Freiheit fängt nicht dort an, wo die Notwendigkeit endet. Ohne die Notwendigkeit langweilt sich der Mensch, verliert den Bezug zur Wirklichkeit und findet sie am Ende nur noch in Akten der Zerstörung. Rosetta ist eine entschieden zeitgenössische Figur, eine Repräsentantin der neuen Spezies, die ganz dem erzwungenen Freizeitvergnügen verpflichtet ist, der von jeder Notwendigkeit entkleideten Freiheit. Ihr Kampf um eine Arbeitsstelle ist auch diktiert von der Angst vor der Leere, die sie vorausahnt. Sie weiß, dass sich eines Tages Männer und Frauen schlagen werden, um wieder eine Form von Arbeit zu finden.

29/08/1997

> »Man sollte nicht vergessen, dass die Geschichte eines jeden Menschen vom Wunsch geleitet ist, grenzenlos anerkannt zu werden...«
>
> Robert Antelme

Eine Arbeit zu finden wäre für Rosetta eine Anerkennung, es würde ihr erlauben, sich lebendig zu fühlen, in den Augen der anderen zu existieren, auch in ihren eigenen Augen.

30/08/1997

»Wie«, fragt mich die Journalistin, »fühlen Sie sich eigentlich? Fühlen Sie sich als Belgier? Als Wallone? Brüsseler? Europäer?...«
Ich habe ihr geantwortet: »Ich fühle mich immer schlecht, wenn ich mir diese Art Fragen stellen muss.«

02/09/1997

Die erste Fassung von ROSETTA ist fertig. Ich habe den Text noch einmal gelesen. Ich fand ihn schlecht. Jean-Pierre ist derselben Meinung. Die Fiktion kommt nicht in Gang. Müssen wir uns doch unter das Joch, unter die dramatische Geschlossenheit eines Plots begeben? Das ist das Gegenteil von dem, was wir zu machen versuchen. Der einzige positive Aspekt: die Figur Rosetta.

07/09/1997

Ein ganzer Tag Diskussion. Wir konzentrieren uns wieder auf Rosetta und ihre Mutter. Ich gehe wieder ans Schreiben. Schwierig, nicht an DAS VERSPRECHEN zu denken, wenn wir einen Erzählbogen für Rosetta suchen. Trotzdem müssen wir Roger, Igor und Assita vergessen. Das Trio infernale!
Das Problem bleibt bestehen: die Fiktion ausgehend von der gewöhnlichen Wirklichkeit zum Leben erwecken.

09/09/1997

Ich denke erneut an die Drehbuchentwürfe zu DIE ENTSCHEIDUNG und DIE VERSUCHUNG. In beiden der gewaltsame Tod (der durchgeführte oder nur geplante Mord) eines Kindes. Ich spüre, wir müssen nach Rosetta zu einer solchen Geschichte zurückkehren. Sie lässt mich nicht in Ruhe, sie verfolgt mich.

23/09/1997

Q. Warum machen Sie diese Filme?
R. Wir machen das, was wir können.
Q. Und das heißt?
R. Darauf können nur die Filme selbst antworten, denn das, was wir machen, ist vielleicht nicht das, was wir zu machen glauben.

Ein Prinzip, das immer und überall zu berücksichtigen ist: »Mach das, was Du kannst, und gib nicht vor zu wissen, was Du tust.«

25/09/1997

Guter Arbeitstag gestern mit Jean-Pierre. Wir haben den Umkreis der Geschichte, innerhalb dessen Rosetta ihren Kampf auf Leben und Tod führt. Die Genese eines Mordes. Rosetta, die, um das zu bekommen, was sie will, am Ende tötet. Das Mädchen, das sie am Anfang war, kehrt zurück, aber zu spät. Sie steht für das, was nicht hätte stattfinden müssen, aber sie kommt zu spät. Rosetta bringt den anderen um, weil sie dessen Platz einnehmen will, und durch dieses Verhalten erweist sie sich als Produkt reinsten Wassers genau jenes brutalen Konkurrenzkampfes, der von der ultraliberalen Ökonomie unserer Epoche eingefordert wird. Es gibt keine neuen Arbeitsplätze (Arbeit wird immer rarer) und deshalb Kampf auf Leben und Tod um die bestehenden und bereits belegten Arbeitsplätze. Zuerst wünscht man sich die Stelle. und wenn man sie nicht bekommt, weil sie bereits vergeben ist, will man den, der sie innehat, umbringen.
In allen Szenen, in denen das möglich ist (ohne dass man die Drehbucharbeit spürt), werden wir Situationen vorsehen, in denen jemand den Platz eines anderen einnimmt. Den Platz des anderen einnehmen, um selbst nicht zu verschwinden.

01/10/1997

> »Kein Wissen gibt's,
> Der Seele Bildung im Gesicht zu lesen.«
>
> William Shakespeare, *Macbeth,* Akt 1, Szene 4

24/10/1997

Der soziale und ökonomische Determinismus ist für fünfzehn Prozent der Bevölkerung in der westlichen Welt zur Erscheinungsform des Schicksals geworden wie für die Bevölkerung des Südens. Zeitgenössische Form der Tragik. *Damit* schlägt sich Rosetta herum.

Man wird uns wieder einmal sagen, dass wir keinen Humor haben. Wie könnte Rosetta, die in ihrem Schicksal gefangen ist, Distanz zu diesem Schicksal aufbauen?

04/11/1997

Ich habe gerade *Madame Bovary* gelesen. Das Schicksal Rosettas ähnelt dem von Emma. Die eine sucht eine wahre Arbeit, die andere eine wahre Liebe, aber weder die Arbeitsstelle noch die Liebe sind zu finden. Umso besessener die Suche, je weniger der gesuchte Gegenstand zu haben ist.

Eine Romanpassage beschreibt bewundernswert und schrecklich das Werk des Schicksals in der ausschweifenden Suche von Emma: »Aber auf ihrer von kaltem Schweiß beperlten Stirn, auf ihren stöhnenden Lippen, in ihren irren Augen, in ihrer wilden Umarmung lebte etwas Unheimliches, Feindseliges, Todtrauriges. Leo fühlte es. Es hatte sich eingeschlichen, um sie zu trennen.«

Dieses unheimliche, feindselige, todtraurige Etwas, das sich unbemerkt zwischen sie schiebt, als wolle es die beiden trennen, ist das Zeichen, das Symptom der neuen Epoche, die noch die unsere ist und die das Ende jener Epoche bedeutet hat (die ich noch bei der Lektüre von Stendhal spüre), in der Körper eine Wärme ausstrahlen konnten, die sie umhüllte und fortriss, wenn auch nur für den einen Augenblick im Herzen (was für ein Wort!) der Liebesleidenschaft, der Ekstase, der Ewigkeit, der Glückseligkeit. Emma kann das nicht mehr erfahren, träumt davon und stirbt umso mehr daran.

Diese Vereinzelung der Körper von Leon und Emma erlebe ich auch als Leser. Sie überträgt sich auch auf mein Verhältnis zum Roman. Mir wird ein Blick nahegebracht, der die Identifikation mit der Figur nicht mehr erlaubt. Zwischen mir und ihr steht stets dieses kalte, unheimliche, feindselige, todtraurige Etwas.

Rosetta ist die Urenkelin von Emma und damit die Enkelin von Berthe, die in Baumwollspinnereien gearbeitet hat und im Proletarierleben einige Momente brüderlicher Wärme erfahren hat, die jenes kalte Etwas vergessen machen konnten, das ihre Mutter niedergeschmettert hat. Kaum sind diese Momente (wie Zola sie beschrieben hat) vorbei, begegnet Rosetta wieder jenem Etwas von Emma. Weder die Liebe noch die Arbeit geben ihr Wärme. Du bist so allein, Rosetta. So allein.

10/11/1997

Aufgrund der Anmerkungen von Jean-Pierre habe ich eine neue Struktur entwickelt. Ich merke, dass wir uns Form und Zustand nähern, die wir suchen. Rosetta wird nicht töten. Riquet, der allmählich zu leben beginnt, ist jemand, der Rosetta einfach helfen will, jenseits jeden Plots. Die Art, wie er im Bild auftaucht, wie er kadriert wird, soll keinen Hinweis auf eine versteckte Absicht oder Verschleierung enthalten. Er ist da, ganz und gar da. Rosettas Mutter wird auch allmählich lebendig, sie tritt aus der Abstraktion heraus. Das Telefongespräch Sonntagmorgen mit der Frau von den Anonymen Alkoholikern hat mir enorm geholfen, ihr Leben einzuhauchen. Jean-Pierre hat Angst, dass sie zu präsent wird mit ihren Entzugsproblemen usw. Er hat Recht. Er findet außerdem, das, was sich zwischen Rosetta und Riquet abspielt, darf keine verliebte Anmache sein. Auch da hat er Recht. Der Film spielt sich woanders ab. Wir wissen noch nicht genau wo, aber woanders. Irgendwo dort, wo man in der Entwicklung der Menschheit hinabsteigt. Das ist aber eher eine Redensart, denn wir bleiben ja beim Filmen an der Oberfläche, beschäftigen uns mit Indizien, Spuren menschlicher Übergänge. Der Zuschauer kann dann vielleicht hinabsteigen (wenn der Film die nötige Höhe erreicht).

16/11/1997

> »Von einer grundlosen Unruhe erfasst, erschauerte er.«
>
> Flaubert, *Erziehung des Herzens*

Wie soll man so etwas filmen? Ist es unmöglich? Wo müsste die Kamera stehen?

18/11/1997

»Lass die Toten ihre Toten begraben.« Das heißt so viel wie: »Lass die Toten nicht die Lebenden begraben.«

22/11/1997

Rosetta wird wieder eine Figur, die Dinge entdeckt, aus sich herausgeht, sich nach etwas sehnt. Drei Verluste am Ende des Drehbuchs. Der (absichtliche) Verlust ihrer Arbeit, ihres Arbeitsplatzes. Der Verlust des Lebens (der missglückte Selbstmord, weil ihr der Brennstoff ausgeht, ihre Armut). Der Verlust der Bilder, in die sie sich eingemauert hat (sie sieht den Anderen, Riquet). Geburt einer neuen Rosetta.

In ROSETTA ist die Erzählung weniger spürbar als in DAS VERSPRECHEN. Weniger Konstruktion, mehr Platz für das, was einfach passiert und sich schicksalhaft mit der Figur vollzieht (die entsprechend versucht, diesem Schicksal zu entfliehen, ihm zu widerstehen).

26/11/1997

Nach Brecht besteht der Realismus nicht darin zu sagen, wie die wirklichen Dinge sind, sondern wie die Dinge wirklich sind. Zur gleichen Zeit, als seine Theaterstücke sagten, wie die Dinge wirklich sind, sammelte ein Gefangener des Gulags Fakten, wirkliche Dinge, die besagten, dass diese Theaterstücke falsch seien. Wenn zu sagen, wie die Dinge wirklich sind, erfordert, falsche Dinge zu sagen, dann wird das Sagen, wie die wirklichen Dinge sind, zur Ausdrucksweise, in der man sagen kann, wie die Dinge wirklich sind.

27/11/1997

Heute Nachmittag fahre ich nach Aubagne, um einen alten Freund zu besuchen, der dort das Festival Méridien organisiert. Wir haben ihn gebeten, Rainer Werner Fassbinders ANGST ESSEN SEELE AUF ins Programm zu nehmen.

Wenn Rosetta die Gefangene ihres Schicksals ist oder dessen, von dem sie besessen ist, müssen wir sie dann nicht auch in den Bildausschnitten einsperren? Nicht zu vergessen, dass ein menschliches Wesen Überraschungen bereithält. Es wird nicht nur in der Aufnahme festgehalten.

01/12/1997

Angeblich hat Mozart zu einigen seiner Konzerte gesagt: »Das ist brillant, aber es mangelt an Armut.«

02/12/1997

Die Bibel lesen lehrt Buchstabentreue. Buchstaben filmen. Nicht den Geist filmen wollen. Er steigt von allein auf. Aber möglichst nicht zu hoch, denn der Buchstabe soll sichtbar bleiben. Wenn er mit dem Buchstaben in Kontakt bleibt, erhält der Geist erst seine Tiefe.

22/12/1997

Die Auferstehung der Körper. Warum der Körper? Weil nur der Körper sterben kann und nur der Körper entsprechend auferstehen kann. Und weil nur Körper gefilmt werden können, gibt es einen besonderen Zusammenhang zwischen Kino und Auferstehung. Das klingt vielleicht albern als Feststellung, aber das erstaunt mich immer wieder.

05/01/1998

Jean-Pierre hat die vierte Fassung des Drehbuchs gelesen. Er findet, es mangelt an Worten, bleibt zu dokumentarisch. Ich bin einverstanden. Ich werde das mehr konzentrieren auf Rosettas Entdeckung Riquets, ihre Schuld, ihre Bitte um »Vergebung«, diese schwere Geburt. Was bereits als Keim in dieser Version angelegt war.

07/01/1998

Der Vater ist nun Teil des Drehbuchs. In Zusammenhang mit Rosettas Wunsch nach Anerkennung.

18/01/1998

Der Vater von Rosetta dient nicht dazu, den Plot in Gang zu setzen, die Handlung voranzubringen. Er ist jemand, von dem Rosetta Anerkennung einzig in den Momenten einfordert, in denen es ihr schlecht geht, in denen sie nicht mehr anerkannt wird, in denen sie an ihrer Existenz zweifelt.

19/01/1998

Ich habe noch einmal *Hamlet* gelesen. Gerade dann, wenn er gute Gründe hätte, sich zu rächen, seinen Vater zu rächen, denkt Hamlet an die Leere der menschlichen Geschäftigkeit, denkt ans Sterben. Es handelt sich nicht um einen Wendepunkt, an den die Seele gelangt ist, kurz bevor sie sich dann doch entschließt, das anfangs gesetzte Ziel weiter zu verfolgen. Das ist kein dramaturgischer Kniff. Der Gedanke sucht ihn wahrhaft heim und erfüllt ihn ganz und gar. Warum das? Warum zögert Hamlet, sich auf die tragische Verwicklung einzulassen, auf diese Geschichte, auf Geschichte überhaupt? Warum will er sich zurückziehen, nicht mehr sein? Rache liefert eine Erzählung, sie liefert Motive und Ziele für die Figuren, sie gibt demjenigen ein Ziel, der von ihr erfüllt ist. Und noch dazu ein Ziel, dass sich erreichen lässt! Ein Ziel, für das gute Gründe sprechen, einer hohen Idee von Gerechtigkeit und Moral verpflichtet! Hamlet zögert, möchte nicht Geschichte schreiben, das Ziel nicht erreichen. Er kann den Fehltritt seines Onkels und seiner Mutter nicht vergessen. Aber was heißt das jetzt?... Angesichts solcher menschlichen Tiefe klingen die meisten Erzählungen hohl. Nichts nacherzählen, nicht in die Geschichte einsteigen, von der eigenen Mission demissionieren, aus dem höllischen Ränkespiel aussteigen, endlich diese Ränke hinter sich lassen, ein anderes Leben beginnen, neu, wirklich neu und dafür nicht mehr sein.
Hamlet tut, was er kann, um eine Geschichte zu verhindern, um nicht die Figur einer Geschichte zu werden, aber das Tragische besteht genau in der Unmöglichkeit, nicht Teil einer Geschichte zu werden.

22/01/1998

Noch einmal Hamlet. Er denkt sich die Theateraufführung des Mordes aus, weil er glaubt, der Mörder könne sich bei der Aufführung seines Verbrechens verraten und vielleicht begreifen, was er verbrochen hat. Wenn er sich das so vorstellt, benennt Hamlet damit das Wesen der tragischen Darstellung: die Übertretung des Verbotes wiederholen, um das Verbot neu aufzustellen. Das ist die Bedingtheit von Claudius, dem mörderischen (und inzestuösen) Zuschauer, und die jedes Zuschauers angesichts des Schauspiels der am tiefsten verborgenen menschlichen Intrigen. Und noch etwas: Wenn Claudius, erschüttert vom Schauspiel seines Verbrechens, das er wiedererkennt, auf seinen Platz verzichten würde, den er dank des Verbrechens eingenommen hat, müsste Hamlet seinen Vater nicht länger rächen, indem er Claudius tötet. Die Kunst hätte die Bekehrung des Schuldigen geleistet. Es müsste kein weiterer Mord begangen werden. Alles eine Illusion.

06/02/1998

Jean-Pierre hat enthusiastisch auf die fünfte Fassung des Drehbuchs reagiert. Wir fahren nach Casteau, um die sechste zu schreiben. Ich glaube, wir haben jetzt die Figur, und die Geschichte entsteht, baut sich von selbst zusammen, ohne eine Geschichte zu werden. Verstehe das, wer will, aber ich verstehe mich.

> »Philosophie, wie sie im Angesicht der Verzweiflung einzig noch zu verantworten ist, wäre der Versuch, alle Dinge so zu betrachten, wie sie vom Standpunkt der Erlösung aus sich darstellten.«

Adorno, *Minima Moralia*

07/02/1998

E. ist immer noch arbeitslos. Schwieriges Leben, und nur wenige Leute sind sich dessen bewusst, was es für den oder die bedeutet, die das durchmacht.

15/02/1998

Wir haben die sechste Fassung des Drehbuchs in Casteau abgeschlossen. Uns ist klar geworden, dass wir zahlreiche Variationen über das Motiv der Scham vereint haben. Die letzte Form der Scham ist die moralische Scham (Rosettas Scham über das, was sie Riquet angetan hat). Riquet hilft Rosetta, aus der Beschämung herauszufinden.

17/02/1998

Q. Warum ist keine Musik in eurem Film?
R. Um euch nicht die Augen zuzukleistern.

02/03/1998

Nachdem Léon Michaux das Drehbuch gelesen hat, nehmen wir die Figur des Vaters wieder aus dem Buch. Nicht nur schon zu oft gesehen, sondern zudem erklärt er Rosetta. Danke, Léon.

07/03/1998

Fast die siebte Version fertig geschrieben. Wie gut, dass der Vater wieder weg ist. Trotzdem schien mir diese Figur vor ein paar Wochen unverzichtbar zu sein. Ich hatte allerdings schon da den Eindruck, es drohe die Gefahr, Rosetta zu sehr zu erklären.
Ich glaube, wir haben jetzt eine Matrix aus Figur / Situation, die uns erlauben wird, bei den Dreharbeiten noch tiefer zu gelangen. Tiefer in die Substanz des Menschlichen. Bloßgelegt, offen.

18/04/1998

Die neunte Fassung liegt jetzt bei der Filmkommission und wird danach auch Canal+ vorgelegt. Wir hoffen, dass sie das Buch »verstehen«. Wir drehen im Oktober.

Nach Gespräch mit Jean-Pierre beginne ich an einem anderen Drehbuch zu arbeiten. Wir würden gerne eine Gruppe in den Mittelpunkt stellen, eine Familie mit zwei oder drei Kindern. Vielleicht in anderer Form die Geschichte einer Frau wiederaufnehmen, die sich bis zum Wahnsinn dafür einsetzt, einen gekündigten Arbeiter wieder einzugliedern. Unsinniger Hungerstreik, Zelt auf dem Parkplatz. Sie muss versorgt werden. Gegenseitige Hilfe einer Frau und ihres Mannes. Am Anfang hat der Ehemann Angst. Ein Film über die Angst.

19/04/1998

Das in etwa müsste in den Regiekommentar zum Drehbuch von ROSETTA:

Erforschung einer Existenz, einer Figur, die sich als Portrait einer Epoche versteht.

Die Figur: Rosetta, eine junge Frau von siebzehn Jahren auf der Suche nach Arbeit, einem Platz, einer Existenz, nach Anerkennung.
Die Epoche: heute, der Überlebenskampf, der durch den Mangel an Arbeit entsteht, mit den Nebeneffekten Geldprobleme, Wohnungsprobleme, Nahrungsengpässe, Gesundheitsengpässe, Ausschluss aus der Gesellschaft...
Ein Kriegsfilm. Rosetta begibt sich an die Front auf der Suche nach einem Arbeitsplatz, den sie findet, den sie wieder verliert, den sie erneut findet, den man ihr nimmt, den sie sich zurücknimmt, immer auf der Lauer und besessen von der Angst zu verschwinden, von der Scham, eine Vertriebene zu werden, Gefangene ihres Stolzes, so verhärtet, dass sie den

einzigen Freund, der ihr zu Hilfe kommt, verrät. Es zählt nur der Sieg: eine Arbeit haben, einen Platz finden.

Wir werden Rosetta filmen als Körper am Rande der Explosion, zusammengepresst, angespannt, im Kriegszustand, unberührbar, aufgenommen in langen Bewegungen, die nur kurz unterbrochen werden durch Einstellungen, in denen ihr Gesicht atmet, sich ihr Blick ausruht... Unsere Kamera wird sie nicht in Ruhe lassen, wird versuchen zu sehen, selbst wenn unsichtbar ist, was sie sehen will, in der Nacht, in der Rosetta sich herumschlägt.

20/04/1998

Wir brauchen einen Titel, bevor wir das Drehbuch überarbeiten. Absolut entscheidend für die Bildausschnitte, auch um das genauer zu fassen, was die Herausforderung des Films ist, das, »was wir am Ende filmen wollen«, das, »worum es eigentlich geht«.

27/04/1998

> »Damals [...] beschloss Rieux, den Bericht zu verfassen, der hier zu Ende geht. Denn er wollte nicht zu denen gehören, die schweigen, er wollte vielmehr für die Pestkranken Zeugnis ablegen und wenigstens ein Zeichen zur Erinnerung an die ihnen zugefügte Ungerechtigkeit und Gewalt hinterlassen; er wollte schlicht schildern, was man in den Heimsuchungen lernen kann, nämlich dass es an den Menschen mehr zu bewundern als zu verachten gibt.«
>
> Albert Camus, *Die Pest*

06/05/1998

Wir denken an ein neues Drehbuch nach ROSETTA. Olivier Gourmet soll die Hauptrolle spielen. Eine neue Herangehensweise, eine neue Erfahrung, denn wir sind noch nie von einem Darsteller ausgegangen, um uns einen Film vorzustellen. Wir würden kein spezielles Thema vorgeben, nur Figuren und ihre Beziehungen zueinander.

10/05/1998

> »Manches Unaussprechliche wäre des Aussprechens kaum wert, wenn man es aussprechen könnte.«
>
> Lichtenberg

12/05/1998

Manchmal das Bedürfnis, andere leiden zu lassen. Das ist so. Darüber muss man sich im Klaren sein.

31/05/1998

Telefongespräch mit Jean-Pierre über das nächste Drehbuch. Wir sprechen nochmal über die Ratlosigkeit eines Gewerkschaftssekretärs angesichts einer Arbeiterschaft, die der Unternehmensleitung ihr Einverständnis zur Kündigung eines Arbeiters gegeben hat, der durch mangelnden Fleiß dafür gesorgt hat, dass sie ihre Produktionsprämien nicht bekommen. Ein Mann, der sich nicht mit dem abfindet, was überall schiefläuft. Ein wütender Mann, der ohne in jeder Hinsicht und immer Recht zu haben, Recht hat darin, wütend zu werden.

01/06/1998

Nachts im Kommissariat von Charleroi. Ein Polizist beendet die Befragung eines vierzehnjährigen Jugendlichen, der in flagranti beim Klauen erwischt worden ist. Er ruft die Eltern an, um sie vorzuwarnen, und bittet sie, ihren Sohn abzuholen. Der Vater antwortet: »Behaltet ihn da«, und legt auf.

26/07/1998

Ich habe gerade *Das verbotene Opfer. Freud und die Bibel* von Marie Balmary gelesen. Sie zieht aus ihrer Untersuchung die Schlussfolgerung: »Das menschliche Miteinander-Gewahrwerden wird nicht durch Besitz und Beherrschung, sondern durch Besitzauflösung und Entbindung erzeugt.«
Rosetta entbindet sich, wird entbunden. Riquet ist der Unbekannte, der »Erstbeste«, der ihr hilft, bei ihrer Initiation, ihrer Entbindung.

27/07/1998

Ich habe die ersten zwei Filme von Bill Douglas gesehen. Durch Ellipsen stellt er eine unglaubliche Spannung her, bringt die Einstellungen zum Bersten. Der besondere Sinn für alles, was abrupt endet, ohne Erklärung, was man einfach so nehmen muss, genauso, wie sich das Leben plötzlich an Jimmy wendet.

14/08/1998

Rosetta ist allein, damit der Zuschauer oder die Zuschauerin bei ihr sein kann. Rosetta leidet, und wer ihr dabei zuschaut, kann selbst das Leid für die andere, die leidet, erfahren. Damit diese Erfahrung nicht bloß narzisstisch bleibt, muss Rosetta allem widerstehen, was dem Zuschauer erlauben würde, sich in sie hineinzuprojizieren und Tränen über sich selbst zu vergießen. Sie muss ihm entgleiten, ihm auch manchmal missfallen, darf ihn nicht verführen, nicht das Opfer seines allzu billigen Mitleids werden. Beim Zuschauer die Erfahrung des Leidens für jemand anders hervorrufen, des Leidens angesichts des fremden Leidens. Das ist für die Kunst die Art und Weise, in der sie menschliche Erfahrung darstellen kann.

> »Ihr armen Nackten, wo ihr immer seid, die ihr des tückischen Wetters Schläge duldet, wie soll eur schirmlos Haupt, hungernder Leib, der Lumpen offne Blöß euch Schutz verleihn vor Stürmen, so wie der? O daran dachte ich zu wenig sonst! – Nimm Arzenei, o Pomp! Gib preis dich, fühl einmal, was Armut fühlt, daß du hinschüttst für sie dein Überflüssiges und rettest die Gerechtigkeit des Himmels!«

Shakespeare, König Lear, Akt III, Szene 4

> »Ich stürbe wohl vor Mitleid, erblickt ich andere so [...].«

Shakespeare, König Lear, Akt IV, Szene 7

30/08/1998

Rosetta ist der Vorname der Person, die wir filmen werden, also ist das ein Film über jemand Bestimmtes. Fast ein Dokumentarfilm über ein Mädchen von heute. Ich glaube, dass die junge Unbekannte, die diese jemand, dieses Mädchen spielt, sich in Rosetta verwandeln wird.

15/10/1998

Riquet ist nicht zu fassen. Ich schaffe es nicht herauszufinden, wer er ist, und es wirkt so, als sollte ich es nicht länger versuchen. Sich zufrieden geben mit dem einfachen »er ist da«. Ist er eine Art Dorfdepp? Der Darsteller (Fabrizio Rondione) hat uns gefragt, wer Riquet sei. Wir haben ihm geantwortet, dass wir das nicht wüssten, wir wüssten nur, dass er da ist.

16/10/1998

Jean-Pierre hat vorgeschlagen, alle Dialogsätze und Gesten zu streichen, die aus Riquet einen Verführer machen. Ein mysteriöser Junge. Wartend. Wartend auf eine Rosetta, die noch nicht da ist. Ein Zutrauen, eine Verbindung zu der einsamen Rosetta, die ihn beobachtet…

25/10/1998

Rosetta oder die Geburt. Ihre Bauchschmerzen sind die Wehen einer Geburt, die kein Kind findet.

18/11/1988

Je mehr wir drehen, desto mehr spüren wir, dass ROSETTA ein Film ohne Thema ist. Die Darstellerin (Émilie Dequenne) und die Darsteller gehen ganz in diesem gleichermaßen zurückgenommenen und heißblütigen Spiel auf, das wir suchen.

07/12/1998

ROSETTA könnte ein Stummfilm sein. Ihre ganze Energie hat sich zusammengeballt, um sie am Leben zu halten. Da bleibt nichts übrig für Worte. Und wozu nützt es auch zu reden?

23/12/1998

Wir haben die Dreharbeiten zu ROSETTA abgeschlossen. Physisch eine Herausforderung. Man bringt diese Kraft, diese Energie auf, selbst wenn man nicht weiß, was am Ende der Rhythmus des Films sein wird. Alle haben dazu beigetragen, diese Spannung herzustellen, die am Set nötig war. Wir haben Szenen nachgedreht, mit denen wir nicht zufrieden waren, was wir bei DAS VERSPRECHEN nicht gemacht haben. Wir haben Szenen während des Drehs neugeschrieben. Auch das haben wir bei DAS VERSPRECHEN nicht gemacht.

03/01/1999

Ein Element für das nächste Drehbuch: die aus der Angel gesprungene Tür, die niemand repariert.

10/01/1999

Der zutreffende Befund: die Abwesenheit des Menschen im Menschen. Die Abwesenheit Gottes war nur eine Interpretation dieses Befundes, ein Vorwand, den Kampf aufzunehmen, ohne unsere Einsamkeit anzuerkennen. Heute sieht sich die Kunst mit diesem zutreffenden und beängstigenden Befund konfrontiert. Aus ihrem Kampf damit erwachsen ihre Werke.

29/01/1999

Ein junger Mann, der vom Zentrum für Sozialhilfe (CPAS) in Charleroi unterstützt wird, hat versucht sich in deren Räumen anzuzünden. Das hat er noch zwei weitere Male wiederholt. Die gewaltsame Antwort auf die Gewalt der Deklassierung, der sozialen Kränkung und Demütigung. Wir, die wir das erkennen müssten, verschließen die Augen in der Hoffnung, dass es vorübergeht, aber morgen werden wir überrascht sein, wenn sich die Gewalt gegen uns wendet. Nach dem Maß der Gewalt, die wir begangen oder billigend in Kauf genommen haben.

30/01/1999

GIGI, MONICA UND BIANCA von Benoît Dervaux ist wunderschön. Ich war zutiefst berührt von der Szene unter dem gläsernen Vordach. Das Wasser, der Regen, der die Scheiben herunterläuft und den Gigi und Monica in ihren Händen sammeln, um sich gegenseitig damit zu bespritzen, sich nass zu machen, zu waschen, zu lieben. Ein Moment der Liebe, der alles rettet, sie, uns, das Kino, die Welt.

03/02/1999

Der Schnitt von ROSETTA gestaltet sich mühsam. Wie den richtigen Rhythmus für dieses Portrait finden? Der Rhythmus, der Atem, das ist unsere filmische Form. Ich denke oft an den Rhythmus, den Schumann einigen seiner Sätze zu geben vermochte. Eine Art Fieber, eine Atemlosigkeit, eine Leidenschaftlichkeit, ein Überschwang, der von ruhigen Atemzügen angehalten wird, in denen jedoch noch dieses Schauern spürbar ist, das sich nicht einfach ausschalten lässt. Rosetta rennt, rennt und rennt. Sie weiß nicht, wo sie ihren Kopf betten soll. Bis zur Erschöpfung sucht sie nach einem Platz, um ihren Kopf zu betten. Wenn man Hunger oder Durst hat, dann gibt es etwas, das einen jagt. Ein einziger Rückzugsort, eine einzige Nacht, in der sie ihren Kopf zur Ruhe betten kann: auf Riquets Klappbett, zu den sanften Worten seines Kindermonologs.

07/02/1999

Zwischen Geld, Arbeit, Wasser, dem Ei, ihrer Schlafkoje, den Waffeln, dem Gas läuft Rosetta hin und her. Geografie der Bedürfnisse im primären Wirtschaftssektor. Sie läuft am Rande des großen Loches entlang, sie läuft, um nicht zu fallen. Wenn er in Erscheinung tritt, dann erkennt sie ihn nicht, den Anderen, den, der ihr zu Hilfe eilt. Sie wirft ihn in das Loch, ihn und alles, was ihr wehtut, alles, was ihr den Magen zerfrisst: Geld, Arbeit, Wasser, das Ei, die Schlafkoje, die Waffeln, das Gas.

13/02/1999

ROSETTA. Wir finden langsam den Rhythmus, den Atem des Films.

Jeden Abend denke ich an Olivier Gourmet. Die Hauptfigur des Erzählstücks ohne Sinnzusammenhang beschäftigt mich. Zum ersten Mal träume ich von eingebildeten Situationen, die von einem Darsteller ausgehen. Er verfolgt mich, er bedrängt mich.

Ich lese *So lebt der Mensch* von André Malraux.[4]

4 Originaltitel *La Condition Humaine*.

14/03/1999

Wir haben vielleicht eine Spur für ein neues Drehbuch. Ein Mann, dessen Kind ermordet wurde. Der Mann rächt sich nicht, sondern rettet den Mörder oder versucht es wenigstens (bis zum Wahnsinn?). Gibt es seit dem Tod seines Sohnes jemand anderen als den Mörder, der ihn etwas angeht? Vorsicht mit dem Verzeihen. Noch kein Titel.

20/03/1999

Das Böse hat die Psychoanalyse überwunden. Es nähert sich der Kunst, die darauf nur zu warten scheint...

21/03/1999

Der Wolf und das Lamm. Ja, dem wütenden Tier gegenüber war die Antwort des Lamms: »Eure Majestät, mein Bruder hat letztes Jahr schlecht über Sie geredet. Nehmen Sie ihn und fressen Sie ihn. Nehmen Sie auch meine Familie und fressen Sie die. Sie stehen da hinten und verstecken sich hinter dem Busch.« Angesichts solcher Antworten würde der Leser, der von der Höhe seines moralischen Bewusstseins aus urteilt, sicher sagen, dass wir es hier mit einem wirklich verwerflichen Lamm zu tun haben. Seinen Bruder und die Familie derart ans Messer liefern! Der Leser, der sich um Verständnis bemüht, sähe schon, wie sehr das Regime der Wölfe ein Lamm in eine Spezies verwandeln kann, die schlimmer ist als der Wolf selbst. Er würde auch feststellen, wie sich zwischen dem Leser, der von seiner moralischen Standfestigkeit aus urteilt, und dem Wolf ein kaum merkliches Einverständnis entwickelt. Nachdem er die Familie des Lamms gefressen hat, kommt der Wolf zum Lamm zurück und schickt sich an, auch es zu fressen, denn trotz seines Flehens um Gnade denkt er: »Das ist wirklich ein verwerfliches Lamm, das seinen Bruder und die Seinen verrät. Es verdient zu sterben.« Und er frisst kurzentschlossen auch das Lamm, in dem Gefühl, eine moralische Tat zu vollbringen.

22/03/1999

Nächstes Drehbuch: die Rache / die Vergebung. Ohne Schnörkel. Den Moment des Verzeihens angehen, ohne in die menschliche, allzu menschliche Sentimentalität abzurutschen. Diesen Moment angehen bedeutet ja nicht, dass es unbedingt zur Vergebung kommt. Das muss beim

Schreiben, beim Drehen ausprobiert werden. Manchmal sage ich mir: »Ja, das ist möglich«, dann hält mich etwas zurück und sagt mir: »Nein, das ist unmöglich.«

27/03/1999

Es geht vielleicht nicht um die Vergebung, die der Vater des getöteten Kindes in sich aufkommen sieht, sondern um die Unmöglichkeit zu töten. Die menschliche Seele laut Levinas.

30/03/1999

Wir überdenken noch einmal die Zeitungsmeldung aus Auderghem. Der Mann, der von seiner Geliebten aufgefordert wird, das Kind zu töten, das sie mit ihrem Ehemann bekommen hat. Der Mann fährt im Auto mit dem Kind los, um es zu ertränken, aber er kann sich nicht dazu durchringen. Am Ende lässt er das Kind am Rande einer Autobahn stehen.

31/03/1999

In einem Schnellhefter, in dem ich Dialogschnipsel und Geschichtenideen sammle, habe ich diese Notiz vom 20/08/1997 gefunden: »Ein Mann tötet den Ehemann einer Frau, woraufhin der Bruder des Mörders ihr sein Leben opfert, um die Tat seines Bruders wiedergutzumachen und seinen eigenen Fehler: Dass er den Bruder hat zum Mörder werden lassen. Die Frage, die man Kain stellt, wird auf Abel übertragen: Warum hast du deinen Bruder einen Mörder werden lassen?«
Vorsicht vor dem Narzissmus des Bruders, der sich opfert. Insgeheim kann es bei dem, der sich opfert, um jemand anderen zu retten, das Bild von sich selbst sein, das er unbedingt retten und keineswegs opfern will. Es müsste so sein, dass die stellvertretende Opferbereitschaft ihn dazu bringt, von dem überholt zu werden, was er unternommen hat.

01/04/1999

Diskussion mit Jean-Pierre in Brüssel. Noch kein Titel für das nächste Drehbuch, aber die Bewegung. Sie kreist um den ermordeten Sohn, die Rache des Vaters, die Vergebung. Wir haben die Bühne gefunden, auf der sich alles abspielt: ein Ausbildungszentrum zur Wiedereingliederung für Jugendliche (Übertragung, Erbe). Ein Beruf, der mit Nahrungsmitteln zu tun hat? Die dritte Person wird eine junge Frau sein. Eine lebendige Dritte, die die Vergebung erst ermöglicht, ohne dass es eine Vergebungsszene zwischen Vater und Mörder gibt. Die lebendige Dritte »gegen« das tote Dritte (das ermordete Kind), das seinen Vater bittet, Rache zu nehmen. Wie könnte der Vater ohne dieses lebendige Dritte nicht den Mörder seines Sohnes töten? Ein Moment wütender Rachsucht des Vaters vor der Szene zwischen dem Mörder und dieser jungen Frau. Man kann nicht von Vergebung reden, denn der Mörder erwartet nicht, dass man ihm vergibt, aber dank der jungen Frau gelingt es ihm, sich einzugestehen, was er getan hat. Er bricht zusammen. Der Mörder hat bereits getötet, als er elf oder zwölf Jahre alt war. An den ersten Mord denken (Kain und Abel), auch wenn es hier keine Brüder sind. Die Figur des Vaters macht aus ihnen Brüder. Unvermeidbar.

09/04/1999

Der Film ist für den offiziellen Wettbewerb in Cannes ausgewählt worden. Der Festivalleiter Gilles Jacob hat gesagt, ROSETTA sei eine Exocet-Rakete.

13/05/1999

Vorführung von ROSETTA im Saal der »Dames Augustines« in Paris zur Überprüfung der angelegten Tonspur und der Mischung. Das ist ein Film über eine Frau, die versucht aufrecht zu bleiben. Nur das.

15/05/1999

Wir lassen die Rachegeschichte fallen und auch die Vergebung durch den Vater. Wenn man genauer darüber nachdenkt, haben wir den Eindruck, diesen Film schon einmal erzählt zu haben. Kein Risiko, keine Herausforderung, kein Abenteuer. Der Eindruck, noch einmal mit DAS VERSPRECHEN anzufangen?

31/05/1999

Zurückgekehrt aus Cannes sind wir auf dem Boden der Tatsachen gelandet. Wir versuchen, an Olivier zu denken, an den nächsten Film.
Es müsste darin etwas geben, das mit Nahrung zu tun hat.

01/06/1999

Das Abenteuer von ROSETTA hat uns ausgelaugt. Ich fühle mich leer. Unmöglich mich zu konzentrieren. Jean-Pierre, den ich gerade am Telefon hatte, geht es genauso. Sie hat uns hinausgeführt, worüber hinaus weiß ich nicht so genau, aber über etwas hinaus. Jetzt müssen wir wieder zuhause ankommen und uns an die Arbeit setzen, in aller Ruhe und regelmäßig.

20/06/1999

Ich gehe schlafen. Es erfüllt mich mit Zufriedenheit, dabei an Olivier Gourmet, an die Figur, die er in unserem nächsten Film wird, zu denken. Noch ist das allerdings eine Nacht, in der alle Katzen grau sind.

30/07/1999

Den Bildausschnitt filmen oder herstellen. Der Blick eindringlich, ergriffen, verloren, ertrunken in der Materie. Er versucht hinauszugelangen, dieses Loch herzustellen, den Bildausschnitt. Rosetta verkörpert diese Bewegung der Suche nach dem Ausweg, dieses Atmen einer Ertrinkenden.

01/08/1999

Mein Vater. Ich habe lange mit ihm gekämpft. Eigentlich pausenlos. Ich war nicht allein damit. Mein Bruder war ja immer bei mir und ich bei ihm in diesem Kampf. Wir haben uns das nie offen gesagt, aber wir wussten, dass unser brüderliches Band unverbrüchlich war. Vielleicht hat das unser Schicksal als zweiköpfiger Filmemacher besiegelt? Ich weiß es nicht. Ich glaube nur zu wissen, dass wir in unseren Filmen viel über unseren Vater reden. Ich habe nie *mit* meinem Vater geredet. Das ist auch nicht weiter ungewöhnlich. Vielleicht sogar der Regelfall. Ich habe viele Jahre gebraucht, bis ich begriffen habe, was ich ihm verdanke, was wir ihm verdanken, um zu erspüren, was er ungeschickt und zwanghaft versucht hat, uns zu vermitteln: die moralische Notwendigkeit, die ihn ganz offensichtlich dazu gebracht hat, mit siebzehn in den bewaffneten Widerstand zu gehen. Über sein Engagement hat er nie geredet.

07/08/1999

> »Die Eltern sehen sich in ihren Kindern aufgehoben. Sie erkennen sich in ihnen der Art nach, als andere, die sind wie sie, allerdings als gewordene Einheit. Aber diese gewordene Einheit ist selbst ein Bewusstsein, das sich als Aufhebung der Eltern begreift; anders gesagt ist sie ein Bewusstsein, in dem das Bewusstsein der Eltern im Kind verwirklicht, was zurückführt dazu, dass die Eltern ihre Kinder erziehen müssen. In der Erziehung legen die Eltern in das Kind ihr bereits gewordenes Bewusstsein und verursachen damit ihren eigenen Tod, weil sie das Kind für das Bewusstsein erwecken.«
>
> Hegel, *Erste Philosophie des Geistes*

Ich verstehe in diesem Text, dass die Eltern ihr Kind nicht fressen. Sie sterben, indem sie sich selbst überleben, und indem sie sich fortsetzen, ziehen sie sich zurück. Erziehen ist sterben.

13/08/1999

Einige Sätze in einem Artikel der Zeitung *Le Monde* über den Totenkult bringen mich wieder auf Hamlet: Er wollte dem Totenkult entfliehen (und weiß, er kann es nicht). Rache setzt einen Toten voraus, damit jemand anderes stirbt, und solange der Tote nicht durch einen Tod gerächt wird (an dem, der getötet hat), ist er nicht wirklich tot. Er kehrt wie der Geist von Hamlets Vater zurück, ein lebender Toter, der nicht aufhört, den Sohn heimzusuchen, damit er tötet. Diese Situation (mit anderen Verwandtschaftsbeziehungen) könnte die des nächsten Films sein. Wie leben mit einem Toten, der Wiedergutmachung fordert? Rückkehr zum Vater und seinem ermordeten Sohn.

15/08/1999

Einige Tage in Rom. Ich habe mir noch mal Morandis Stillleben angesehen. Bilder von Flaschen, Gläsern, Krügen, Kannen, Schalen... Sie stehen da auf dem Tisch wie kleine Säulen, kleine Tempel unserer Menschlichkeit, für den täglichen Gebrauch hergestellt, fragil, der Nutzung enthoben, die ihre physische Präsenz vergessen ließ. Sie stehen da zu mehreren auf dem Tisch, manchmal scheinen sie sich hintereinander zu verstecken, als ob eine Bedrohung naht, und sehen mich an... Und ihre Verletzlichkeit entwaffnet mich, vibriert, lässt alles vibrieren, bis mein Blick bröckelt. Ja, sie existieren, sie sind da, sie richten sich an mich, der sie nie wahrgenommen hat, diese auf dem Tisch stehenden Blicke... auf einem Tisch, den ein Fußtritt leicht umstoßen könnte.

17/08/1999

Der Totenkult liegt jeder Revanche, jeder Rache zugrunde, vielleicht sogar jedem Ressentiment. Wie kann man dem entkommen? Was macht man mit einem Toten, der Respekt erwartet, Wiedergutmachung fordert? Und warum sollte man Rache nicht üben? Warum wäre sie nicht genauso gerecht wie das Recht selbst?

Der Film könnte (wenn man wieder zurückkehrt zum Vater, dem ermordeten Sohn, dem Mörder, der Tochter oder Frau des Vaters, also der Schwester oder Mutter des ermordeten Kindes) eine Familie zeigen, die von dem Bedürfnis nach Rache erfüllt ist und zum Leben zurückfindet, indem sie den Panzer dieses unentrinnbaren Bedürfnisses sprengt. Vorsicht mit der Vergebung, der Illusion, die sie hervorbringt (Narzissmus des Vergebenden, als könne er sich über die anderen stellen, über die menschliche Bedingtheit). Der Film könnte, wenn das nicht schon der Titel eines Meisterwerkes wäre, »Leben«[5] heißen. Der erste Teil des Films würde die Zeit zeigen, die noch vom Toten beherrscht wird, den es zu rächen gilt, der zweite würde die Überfahrt über das gefrorene Meer zeigen, das sich allmählich erwärmt und schließlich die Familie freigibt. Eine Überfahrt, die niemand unbeschadet übersteht.

Sehen, ob das Paar Vater / Tochter anstelle des Paares Vater / Frau nicht erlaubt, Mord und Inzest zu verschränken. Der Mord am Mörder des Sohnes (des Bruders aus Sicht der Tochter), den Vater und Tochter begehen, ist eine inzestuöse Tat. Wenn dieser gemeinsam ausgeheckte Mord am Ende nicht zustande kommt, könnte das Leben neu zirkulieren, die Tochter könnte sich jemand anders zuwenden.

Der Vater würde allerdings nur zum Vater, indem er den Mord nicht begeht, wenn er in gewisser Hinsicht der Vater des Mörders seines Sohnes wird. Das wäre nur möglich, wenn der Mörder selbst ein Jugendlicher ist.

Das Leben ist flüchtiger, breiter, lebendiger als alle diese Bilder, in die wir uns einschließen / eingeschlossen werden / die anderen einschließen. Andererseits kann man seine Wunden nicht vollständig heilen, indem man in den Fluss des Lebens eintaucht. Etwas von dem, was uns wehgetan hat, bleibt. Man lebt damit. Das Leben geht weiter, und der, der nicht mehr da ist, findet seinen Platz. Nicht den ganzen Platz, aber

5 Der Film IKIRU von Akira Kurosawa trägt den französischen Verleihtitel VIVRE, das wäre »Leben«.

einen Platz. Das Leben ist großzügig, großzügiger jedenfalls, als wir uns das vorstellen können.

19/08/1999

Ich lese *Avec Shakespeare* von Daniel Sibony. Danach werde ich das Buch von André Green über *Hamlet* lesen. Jacques Taminiaux hat mir seinen Artikel über Versprechen und Vergebung bei Hannah Arendt geschickt. Ich kann es kaum erwarten, wieder mit Jean-Pierre Anfang September über das Drehbuch zu sprechen. Sollen wir mit der Niederschrift fortfahren? Vielleicht führt es uns in eine Sackgasse, aus der wir so schnell nicht wieder herauskommen. Wenn wir herauskommen.

24/08/1999

Einen freieren, bunteren Film machen. Bewegungen, die mit Leben erfüllt sind. Bewegungen, in denen sich das zu überwindende Übel andeutet.

27/08/1999

Emmanuelle kommt morgen von ihrer ornithologischen Reise ins Donaudelta zurück. Sie steht in geheimer Verbindung mit den Details, den verschiedenartigen Unterschieden des Lebens. Sie öffnet mir dafür die Augen.

> »Im *Kino* tut man besser daran, den Schauder angesichts eines zu Boden fallenden Wassertropfens empfunden zu haben und diesen Schauder mitzuteilen, anstatt ein besseres soziales Programm der gegenseitigen Hilfe zu erläutern.
> Dieser Wassertropfen wird im Leser mehr Spiritualität bewirken als die größten Aufforderungen, sich ein Herz zu fassen, und mehr Menschlichkeit als alle humanitären Strophen.«
>
> Henri Michaux, *Die Zukunft der Dichtung*

29/08/1999

Ich habe gerade *Elementarteilchen* von Michel Houellebecq gelesen. Prosaische Prosa. Das tut gut. Es ist in unserer Epoche schon eine Weile her, dass Literatur uns derart eingeschenkt hat. Anästhesie unserer Sterblichkeit. Auslöschung der Geschlechter. Aufstieg einer beruhigenden Neutralität. Nichts wird mehr wirklich geschehen. Geboren werden, sterben, töten, leiden, lieben, hassen, alles im endlich sich erfüllenden, großen flüssigen Reich des Nihilismus aufgelöste Illusionen. Der Affe hat seinen Schädel wiederbekommen, und das auf zivilisierte Art, ohne Lärm und Wutausbrüche. Das ist das Grauen! Das ist das Glück!

06/11/1999

> »[...] und der König wird ohne Erben leben, wenn das, was verloren ist, nicht wiedergefunden wird.«
>
> Shakespeare, *Das Wintermärchen,* Dritter Aufzug, 2. Szene

22/11/1999

Wir unterbrechen die Arbeit am Drehbuch über die Rache und die Unmöglichkeit zu töten. Zu linear. Zu mechanisch. Es fehlt dem Stoff Leben. Zu obsessive Figur, die auf alles zu- und gegen alles vorgeht (selbst wenn er im letzten Moment innehält). Man bräuchte eher eine Figur, die von den anderen gefordert wird, von ihren Wünschen unter Druck gesetzt wird (Familie? Hausgemeinschaft? Arbeitsort?). Hin- und hergerissen, im Zwiespalt zwischen verschiedenen Situationen, denen sie glaubt entsprechen zu müssen. Diese Figur wird von Wut gegen den Lauf der Welt getragen. Er nimmt das nicht hin, lehnt das ab. Jemand, der zu viel zu tun hat und der Momente der Erschöpfung erlebt, in denen er aufgeben will. Inmitten all dessen muss noch ein zentraler Erzählbogen entstehen. Eine Gruppe, und in der Gruppe eine Figur, die wichtiger ist.

05/12/1999

Immer noch nichts Neues zum Drehbuch. In Wartestellung. Lahmgelegt.

10/12/1999

Wir nehmen die Arbeit an dem Rache-Drehbuch, an der Entdeckung der Unmöglichkeit zu töten wieder auf.

16/12/1999

Wie das Leben zurückkehrt und wie der Respekt gegenüber dem Gebot nicht zu töten diese Rückkehr zum Leben ermöglicht. Der Rächer, der zum Töten aufbricht und es nicht über sich bringt, stößt auf das Gebot nicht zu töten, und ihm kommt die Rechtfertigung zu morden abhanden.

22/12/1999

Man kann erklären, wie er dazu gekommen ist zu töten, aber man wird niemals erklären können, warum er zwangsläufig diesen Mord begehen musste.

23/12/1999

Ein Film, der die Geschichte von Ödipus aufnimmt, den Anfang des Mythos erzählt (Laios, der nicht den Platz erhält, der ihm als Sohn des Königs von Theben zusteht, und flieht, die Vergewaltigung Chrysippes, ihr Selbstmord...). Nicht an seinem Platz sein, nicht wissen, was der eigene Platz ist, von seinem Platz gerissen werden, die Plätze durcheinanderbringen, Generationen verwechseln, das ist die Übertretung des Gesetzes, das Verschwinden des Verbotes.
Heutzutage verbieten Väter und Mütter nicht mehr (mit welchem Grund? in wessen Sinne?). Sie lassen das Kind es selbst sein, für sich selbst, in sich selbst, mit sich selbst. Eine Art, es aufzufressen, um es nicht aufzufressen. Ihre Angst, ihre Schreckensvorstellung ist: von denen aufgefressen zu werden, die sie zur Welt gebracht haben, die von ihnen abstammen. Deshalb sagen sie ihnen nicht, woher sie stammen, lassen sie glauben, sie stammten nicht von jemand anderem ab, sondern allein von sich selbst und müssten deshalb auch die Schuld bei sich selbst suchen. Sollen sie sich doch untereinander auffressen, diese Kinder!

24/12/1999

Ein Titel, der die Bewegungen nennt, uns die Bewegungen nennt, wie wir aus der Wiederholung hinausgelangen, aus der Racheschleife. Gemeinsamkeiten mit DAS VERSPRECHEN und ROSETTA. Die gleiche Bewegung des Ausstiegs. Drei Initiationen. Drei Geburten. Eine Art Trilogie.

01/01/2000

Neuer Titel DIE PRÜFUNG. Ein junger Mörder taucht in der Umgebung von Olivier auf. Er weiß nicht, wer Olivier ist, aber Olivier weiß, wer der jugendliche Mörder ist. Olivier akzeptiert das als Prüfung. Er ist zwischen verschiedenen Gefühlen hin- und hergerissen, zwischen verschiedenen Wünschen. Wie werden diese zwei menschlichen Wesen, dieser »Vater« und dieser »Sohn« sich einander nähern, sich der Begegnung stellen? Versuchung zu töten, das Bedürfnis, sich zu rächen, Unmöglichkeit zu töten, Moment der Vergebung, Illusion der Vergebung, Wahnsinn der Vergebung.

11/01/2000

Verschiedene Leute haben uns von Dogma erzählt und unserer Nähe zu dieser dänischen Bewegung. Als wir DAS VERSPRECHEN gedreht haben, wussten wir nicht, dass es Dogma gab. Unsere Arbeit mit dem Kamerablick entsprach einer Suche nach Rhythmen und Blickwinkeln, die denen unserer beiden Hauptfiguren in ihrer Wahrnehmung der Welt und der anderen entsprachen. Wir wollten uns auch von der Last der Technik befreien, die uns bei ICH DENKE AN EUCH gelähmt hatte. Der Wunsch der Befreiung ist auch bei Dogma spürbar. Es sind die Filmemacher zweier kleiner Länder, die die Armut der Mittel vorangetrieben haben, um die Form ihres Kinos zu finden.

13/01/2000

Gestern Treffen mit Jean-Pierre in Brüssel. Wir fangen an, die Figur zu sehen, ihre Beziehung zu dem jungen Mörder. Es wird schlichter. Ist die Situation vielleicht übertrieben?

14/01/2000

Man erzählt mir erneut vom französischen Kritikerstreit. Ich finde diesen Streit uninteressant und unbegründet. Die wahre Kritik lässt sich nicht in die Prozesse der Filmindustrie einbeziehen. Dass ein Filmemacher manchmal gezwungen ist, gemeinsam mit einem Produzenten oder Verleiher eine Verkaufsstrategie für seinen Film zu entwickeln, ist eine Notwendigkeit, mit der er sich abfinden muss. Die wahre Kritik sollte nicht Teil dieser Strategie sein. Sie kann der Blick von außen sein, auf den das Publikum und wir Filmemacher dringend angewiesen sind. Die Kritik, die sich in die Strategie einbinden lässt, ist selbst industrialisiert und hat kein Recht mehr, über das Kino zu sprechen, weder zum Publikum noch zu den Filmemachern. Es ist peinlich, wenn Filmemacher, die von der industriellen Kritik unterstützt werden, das Verschwinden der wahren Filmkritik fordern.

20/01/2000

Das Wort finden, dass die Stille der anderen Worte ausspricht. Die Einstellung finden, die das Unsichtbare anderer Einstellungen in den Bildrahmen bringt.

26/01/2000

ROSETTA (und auch DAS VERSPRECHEN) sind wie Kamerarückfahrten, um aus dem herauszukommen, was jeden Versuch einer Kadrierung erdrückt, erstickt, und scheitern lässt. Rosetta oder die Geburt eines Bildrahmens. Ein Bildrahmen oder die Geburt von Rosetta.

28/01/2000

Der Darsteller hat keine »Innerlichkeit«, die er ausdrücken will. Vor der Kamera ist er da und verhält sich. Wenn er etwas hervorbringen will, dann ist er schlecht. Die unbarmherzige Kamera hat dann diesen Willen aufgezeichnet, das Spiel, mit dem er etwas hervorbringen wollte. Er muss sich jeden Willens enthalten und zum Unwillkürlichen gelangen, dem Automatismus einer Maschine wie der Kamera. Was Bresson über den Automatismus anmerkt und dabei Montaigne zitiert, ist absolut wahr. Unsere Ansagen an die Schauspieler sind rein physisch und meistens negativ, um sie davon abzubringen, jedes Mal, wenn wir spüren, dass sie aus dem schieren Verhalten herausfallen, wenn sie versuchen etwas für die Kamera zu sein. Durch die Aufnahme dieses Verhaltens vermag die Kamera plötzlich auftauchende Blicke und Körper aufzunehmen, die wesentlich innerlicher sind als jede Innerlichkeit, die das ausdrückliche Spiel der Schauspieler erreichen kann. Zur Kamera verhalten sich die Schauspieler wie das Entwicklerbad der Bilder, nicht wie Konstrukteure. Das verlangt viel Arbeit.
Sie erzählen uns von Rosetta. Sie sehen sie einstimmig als ein mutiges Mädchen, das sich herumschlägt, nicht die Schultern hängen lässt, das sie rührt durch seine Beharrlichkeit. Sie sehen nicht, wie sehr das Schicksal von Rosetta dem von Galy Gay in Brechts *Mensch für Mensch* gleicht.

03/02/2000

Wir sind in Tokio für Interviews vor dem Kinostart von ROSETTA. Gestern habe ich noch einmal über die Worte eines jungen Schauspielers in FALSCH nachgedacht, der voll naiven Zutrauens in die von seinen Lehrern unterrichteten Methoden war. Er spielte eine Figur, die in Auschwitz vergast worden war. Er sagte uns: »Ich frage mich, ob in mir etwas ist, das dieses Leiden ausdrücken kann und mir möglich macht, es zu interpretieren.« Wir haben ihm geantwortet: »Da ist nichts.« Er erwiderte: »Dann kann man das nicht spielen!« Wir haben erwidert: »Ja, in der Tat, das ist unmöglich.«

07/02/2000

Tokio, acht Uhr vierzig. Die letzten Minuten in meinem Hotelzimmer. Ich denke, wir sollten diesen Film um Mord und die mögliche / unmögliche Vergebung nicht drehen. Wieder konzentrieren auf einen Mann und eine Frau, eine Familie, eine Gruppe. Eine buntere Bewegung als die von ROSETTA. Ich habe die ganzen Nächte schlecht geschlafen und bin ununterbrochen von Zweifeln heimgesucht worden. Jean-Pierre hat ebenfalls Zweifel.

08/02/2000

Diskussion mit Jean-Pierre über das neue Drehbuch. Eine Liebesgeschichte. Die Geschichte eines Mannes, der seine Frau rettet, die jede Achtung ihrer Kollegen und die Selbstachtung verloren hat. Sie wird mit Zustimmung ihrer Arbeitskollegen entlassen. Noch einmal Arbeit, Fabrik, Solidarität. Ist das nicht auf seine Art eine neue Fassung von ROSETTA? Nicht EINE FRAU UNTER EINFLUSS nachahmen. Der Mann (Olivier Gourmet) wäre Koch in einer Schule; sie käme in die Küche und würde ihm mit abwesender Miene die schlechte Nachricht überbringen. Er wäre so mit der zuzubereitenden Mahlzeit beschäftigt, dass er ihr nicht die gebührende Aufmerksamkeit schenken kann, so leid ihm das tut. Sie zeigt dafür Verständnis. Er sagt zu, dass er so schnell wie möglich nach Hause kommen wird. Geschichte eines Verschwindens? Leute, die verschwinden, weil sie jene soziale Euthanasie verinnerlichen, die unser Unbewusstes aus dem Konkurrenzkampf der Individuen herausfiltert.

Jean-Pierre erinnert an den Satz von Bonnard: »Die Schwierigkeit besteht nicht darin, das Leben zu malen, sondern ein lebendiges Gemälde entstehen zu lassen.«

11/02/2000

Wir stoppen die Arbeit an DIE PRÜFUNG. Es fehlt etwas. Zu psychologisch. Die Situation ist einfach zu gut für eine Fiktion und gleichzeitig kein Dokument unserer Epoche.

15/02/2000

Das Kino hält sich zu sehr an das Bild dessen, was ist, es ist zu sehr und fast nur visuell, wie Serge Daney geschrieben hat. Darstellung und gleichzeitig Karikatur eines Menschen, der so mit sich selbst beschäftigt ist, dass keinerlei Schlupfloch, kein geheimer Gedanke bleibt für den innigen Wunsch, den Traum eines anderen, besseren Lebens. Können die Bilder unserer Filme eine Verwerfung, ein Loch in dem entstehen lassen, was ist? Können sie den spirituellen Klang eines Blicks, einer Geste, einer Stimme hörbar machen? Filme, deren Vorführung wie das Hören eines Musikstücks wäre, das den Menschen zu sich selbst zurückbringt.

Bei der Suche nach Material zu unserem Film ERNST BLOCH ODER DIE UNTERSUCHUNG ÜBER DEN KÖRPER DES PROMETHEUS hatte ich eine Passage aus *Geist der Utopie* notiert (geschrieben kurz nach dem Ende des Ersten Weltkriegs): »Nur der Ton, dieses Rätsel der Sinnlichkeit, ist unbeladen genug von der Welt, ist zureichen phänomenal fürs Ende, um als ein [...] letztes materielles Erfüllungsmoment des mystischen sich Vernehmens wiederzukehren; rein auf den Goldgrund der rezeptiven Menschenlatenz aufgetragen.«

18/02/2000

Werbung für Autos mit Allradantrieb aus einem Magazin: »Built to cross the most hostile environments. Like The Champs Elysees.«

24/02/2000

Ganztägige Besprechung mit Jean-Pierre in Lüttich. Wir kehren wieder zu der Erzählung mit dem Vater und dem jungen Mörder seines Sohnes zurück, der selbst »Sohn« eines »Vaters« wird, der in Versuchung gebracht wird, ihn zu töten. Ein Titel taucht auf: *Der Sohn*. Wie kann der junge Mörder zu einem Bewusstsein des Bösen gelangen, das er begangen hat, und wie kann der Vater dem Verlangen nach Bösem widerstehen? Was bedeutet töten? Was kann uns aus dieser Schicksalhaftigkeit herausführen? Zwei fast absolute Einsamkeiten. Auseinandersetzung zweier Körper. Der Beruf von Olivier ist der des Schreiners, ein Metier des Maßnehmens. Längen messen, Breiten, Stärken, Winkel und Abstände zwischen ihm und dem Mörder seines Sohnes.

24/03/2000

Ich war unten Zigaretten holen. Ein Mann kommt auf mich zu und bittet um eine Zigarette. Ich antworte ihm, dass ich gerade auf dem Weg bin, welche zu kaufen, er soll zwei Minuten warten. Ich komme mit meinem Zigarettenpäckchen zurück und biete ihm eine an. Er fragt mich, ob ich das psychiatrische Institut »Sanita« kenne. Ich antworte, das ist direkt bei mir um die Ecke. Er begleitet mich, und auf dem Weg erzählt er: »Meine Frau ist wieder auf harten Drogen, ich kann nicht mehr, ich muss irgendwo anders unterkommen. Man hat mir gesagt, dass ich in dem Institut gut für eine Zeit unterkommen kann.« Er hat an der Tür geklingelt. Sie haben ihm aufgemacht. Er ist reingegangen und hinter der Tür verschwunden. Ich hätte ihm anbieten sollen, mit zu mir zu kommen, ein bisschen zu reden, wenn er will, oder einen Kaffee zu trinken.

06/04/2000

Sie fragen uns, warum wir aufgehört haben, Dokumentarfilme zu machen. Und jedes Mal antworten wir ausweichend, wir hätten eine Art Grenze verspürt, einen Widerstand, den uns Leute entgegenbrachten, die wir gefilmt hatten, der aber auch im Drehvorgang selbst entstand. Einen Widerstand, den wir mit gewissen Inszenierungsmitteln und durch den Schnitt überwinden wollten, aber trotzdem blieb der Widerstand und die ständige Versuchung zu manipulieren. Auch die ständige Unzufriedenheit. Es ist nicht einmal unzutreffend, wenn wir das so beschreiben, aber der eigentliche Widerstand für uns war im Grunde genommen die Unmöglichkeit, einen Mord zu zeigen, sowohl in der Vorbereitung als auch in der Durchführung. Es ist dieser Tod, vor dem der Dokumentarist das Recht auf seinen Blick verwirkt, den wir aber filmen wollten. Die Darstellung des Todes erlaubt uns, so denken wir, eine existenziellere Wahrheit zu enthüllen. Das Recht auf einen Blick kann auch die fiktionale Kamera verwirken angesichts der Todeswirklichkeit in den Konzentrationslagern. Der Film SHOAH von Claude Lanzmann ist darin einzigartig, dass sein Blick nichts von dem zeigt, was sich ereignet hat, nicht etwa, weil es keine Bilder gäbe, sondern aus Prinzip. Er zeigt die Spuren, die Orte und die Gesichter, die reden. Weil er sie in Bezug setzt, unter bewusster Setzung der Abwesenheit des Bildes, taucht ein Wort auf, ein Gedicht, eine Wahrheit, die keine Fiktion und kein Dokumentarfilm je zum Vorschein bringen könnten. Ungesehen bleibt die Auslöschung der jüdischen Männer, Frauen und Kinder. Sie geht über das Bild hinaus. Im Wort. Zu hören jenseits aller Bilder. Das Wort als heiliger Ort.

11/04/2000

Bereits mit DAS VERSPRECHEN und ROSETTA, aber auch mit dem neuen Drehbuch befinden wir uns im Umfeld, in der Arena der Frage: Was bedeutet Menschsein heute? Beobachten, wie Menschsein ist, nicht im Allgemeinen, sondern in konkreten und extremen Situationen, die unsere Gesellschaft heute hervorbringt.

13/04/2000

Die Hand, die Hände werden die Hauptdarsteller sein, das Material, aus dem der Film gemacht ist.

> »Streck deine Hand nicht gegen den Knaben aus und tu ihm nichts zuleide!«
>
> *Genesis* 22,12

14/04/2000

Die Möglichkeiten der Hand sind zahllos, unvorhersehbar, widersprüchlich. Klauen, die kratzen und zerreißen. Flügel, die zart berühren und streicheln. Nichts wird von ihnen im Voraus gesagt. Warm und weitumspannend in den Umarmungen. Kalt und geballt in den Schlägen. Geben, nehmen, öffnen, schließen, beschützten, erwürgen, loslassen, halten, stoßen, zurückhalten, werfen, zeigen, verbergen, anbinden, losbinden, zum Beten falten, schlagen. Ewiger und beunruhigender Schwebezustand der Hände.

Angesichts der unauflöslichen Ambivalenz der Hände ist das männliche Glied von entwaffnender Arglosigkeit.

16/04/2000

Die Sinnzusammenhänge, die ein Film versammelt, setzen sich aus vielen Elementen zusammen (Bildausschnitte, Spiel, Farben, Kostüme, Accessoires, Worte, Szenenbilder, Töne...), die sich gegenseitig anstecken und die nicht zu Symbolen verdinglicht werden sollten. Sie sind wie Fische im Wasser, und was wir davon sehen, ist trüb und vage. Wenn sie aus dem Wasser springen, um sich zu zeigen, sterben sie.

27/04/2000

> »So erbt der Mensch die Mission des toten Gottes: Das SEIN aus dem ständigen Absturz in die Ununterschiedenheit der Nacht zu ziehen. Unendliche Mission.
> Wenn Pascal schreibt: das ewige Schweigen dieser unendlichen Räume erschreckt mich, so spricht er als Ungläubiger, nicht als Gläubiger. Denn wenn Gott existiert, gibt es kein Schweigen, sondern die Harmonie der Sphären. Wenn aber Gott nicht existiert, dann ist dieses Schweigen allerdings erschreckend, denn es ist weder das Nichts an Sein noch das durch den Blick erhellte SEIN. Es ist der Appell des Seins an den Menschen; und schon hält sich Pascal für eine Passion, die *allein* in diese Räume fortgerissen wurde, um sie der Welt zu integrieren.
> *Sehen* heißt dann, das SEIN aus seinem Absturz herauszuziehen.«

Jean-Paul Sartre, *Entwürfe für eine Moralphilosophie*

Unendliche Mission für den Filmemacher: der Welt zum Sein zu verhelfen, dem Menschen zum Sein zu verhelfen, indem er gesehen wird, indem er sieht. Die Einsamkeit ist größer als zu Zeiten Pascals, das Erschreckende auch, denn das Schweigen der unendlichen Räume hat den Blick der Menschen erreicht.

05/05/2000

Die Worte, die uns über die Lippen kommen, die Bilder, die unsere Augen sehen, sprechen aus und sehen, was wir nicht aussprechen und nicht sehen. Worte und Bilder, die von weither kommen und weiter reichen. Sicher, sagt der Psychoanalytiker, aber was meint ihr mit »die weiter reichen«? Der Psychoanalytiker ist ein alter Freund, aber in diesem Punkt habe ich keine Lust ihm zu antworten, weil ich weiß, dass für ihn das, was weiter reicht, niemals die Grenzen überschreiten kann, die durch das von weither Kommende gezogen sind. Ich würde ihm sagen, dass es vielleicht möglich ist, weiter zu gelangen, wie bei einer Amour fou, einer leidenschaftlichen Liebe, die den Tod und alle unsere Ängste auf Abstand hält. Eine Liebe, die die Ängste nicht bekämpft und noch zu ihnen in Beziehung steht. Nein, wer so liebt, lebt einfach, es gibt nur ihn, er herrscht über die Ängste, hält sie auf Abstand, sie können ihm nichts mehr anhaben. Ich würde ihm sagen, dass einige Filme mich in dieses weit entfernte Reich gebracht haben. Aber wozu wäre das gut, wenn er mich ohnehin am Ende dazu einlädt, mich zurückzuwenden?

17/05/2000

Rogier Van der Weyden hat *Der heilige Lukas portraitiert die Madonna* gemalt. Die Geburt, die Zeit des Anfangs (das Jesuskind in den Armen der Jungfrau Maria). Die Zeit, die vergeht, die in Richtung Ende verrinnt (die beiden Spaziergänger, die man in Rückenansicht auf der Brücke sieht, sehen zu, wie der Fluss zum Horizont fließt). Die Kunst des Heiligen Lukas, der zeichnet, wie auch die des Malers, der die Zeit anhalten will, den Lebensmoment verewigen.

14/06/2000

Der Wunsch nach einer Bewegung, einer Linie reicht weiter als die bildliche Einbildungskraft. Der Rhythmus, der Atem, die »Musik« liegt vor dem Bild. Für uns ist es unmöglich, diesen Wunsch durch die Vorstellung von Bildern wachzuhalten. Es gibt einen Rhythmus, eine Intensität, eine Spannung, die sich ihre Bilder sucht und ihre Einstellung findet. Wir kommen ans Set und arbeiten mit den Darstellern, um diese Spannung zu finden, vor jedem Schnitt und selbst ohne Kamera. Natürlich ist die Suche nach einem Bildausschnitt erst durch den Sucher, dann mit der Kamera Teil der Konstruktion dieses Rhythmus, dieser Spannung, aber ich glaube, unsere Suche nach einem Bildausschnitt ist vor allem der Versuch, jene Spannung und jenen Rhythmus wiederzufinden, die dem Bild vorausgingen und noch im Dunkeln lagen. Jean-Pierre ist sehr gut darin, am Set diese Spannung entstehen zu lassen, die ansteckend ist und uns bei unserer Suche hilft.

17/07/2000

Morgen Fahrt für zwei Wochen in die Estremadura mit der Familie. Ich lasse das Drehbuch ausschlafen. Hoffentlich kann auch ich schlafen, ohne daran zu denken. Schön wäre, wenn es insgeheim an mich denkt und mir eine schöne Überraschung beschert, wenn ich wieder zurück bin. Zwei Fragen in diesem Drehbuch: Was ist passiert? Was wird geschehen? Wie können wir die beiden Fragen miteinander verschränken? Wie können wir sie gemeinsam führen, ohne den Platz des weichenstellenden Filmemachers einzunehmen, der alles nach seinem Wissen kombiniert und konjugiert? Wie in der Unschuld dessen bleiben, was passiert? Oder anders, wie die ganzen Manieriertheiten und Konstruktionen des Plots vermeiden, alle diese feinen, kleinen Drehbuchautorentricks? Oder noch anders, wie schlafend bleiben? Die Haltung des Schläfers einnehmen, der seinen Traum vorausahnt und kommen lässt und nicht wahrnehmbar den Verlauf ändert durch eine leichte, unwillkürliche und unmerkliche Positionsänderung seines Körpers.

06/09/2000

Ich habe YUKI FUJIN EZU (PORTRAIT VON MADAME YUKI) von Mizoguchi gesehen. Wenn kurz vor Ende des Films Frau Yuki allein in dieser rein emotionalen Totalen zum Café am See hochsteigt, wo sie sich umbringen wird, setzt sie sich an einen weißen Tisch, an dem zwei weiße Stühle stehen. Zwei! Das genau ist die Tragik von Frau Yuki. Nicht zu zweit leben können, nicht mit ihrem Ehemann, nicht mit ihrem unmöglichen Liebhaber, nicht mit dem Kind, dass sie in ihrem Bauch trägt. Das wirft ihr die Dienerin Hanaka vor, dass sie nie versucht hat ein Leben zu zweit zu führen. Aber vielleicht wusste etwas in Madame Yuki, wie vergeblich der Versuch wäre, weiter der Welt anzugehören. Unmöglich für sie, eine Aristokratin aus einer längst vergangenen Zeit, sich noch an einen anderen zu binden, um etwas Neues zu erschaffen. Das ist vielleicht ein Teil des Geheimnisses von Frau Yuki.

10/09/2000

Das Drehbuch kommt langsam voran. Ich habe Angst, zu viel zu verbergen, zu viel an Außerhalb unseres Kamerabildes zu konstruieren. Nach DER SOHN müssen wir vielleicht einmal durchatmen, es ist wirklich anstrengend, sich in einem derartigen Labyrinth der Leidenschaften zu bewegen. Ich hoffe, dass der Film begriffen wird und man uns nicht in eine falsche Debatte über die Vergebung etc. verwickeln will. Was wir filmen wollen (das Was und das Wie sind nicht auseinanderzuhalten), ist die Genese einer offensichtlich unmöglichen genealogischen Beziehung.

11/09/2000

Nach DER SOHN vielleicht ein Märchenfilm, ein Film für Kinder, ohne damit notwendig eine bestimmte Alterskategorie zu bezeichnen.

Viele Szenen (wegen der Schreinerei, wegen des Ausbildungsverhältnisses), in denen eine Figur den Platz einer anderen einnimmt. Den Platz des anderen einnehmen? Ist das möglich? Hat unsere Vorstellungskraft diese moralische Stärke? Das ist die Herausforderung der Beziehung zwischen Olivier und René.

20/09/2000

Ich habe alle Szenen gestrichen, die einen Bezug zwischen Olivier und seinem Vater herstellen. Zu sehr Drehbuch. Das ist mir in den Telefonaten mit Jean-Pierre klargeworden. Jedes Mal, wenn ich Szenen mit dem Vater einer Hauptfigur schreibe, wird mir irgendwann klar, dass sie zu viel sind und wieder gestrichen werden müssen. Das war schon so bei den Szenen mit Rosettas Vater. Als ob ich durch diese Szenen gehen müsste, um ihn am Ende verschwinden lassen zu können. Als ob ich durch diese Szenen gehen müsste, damit er zum unsichtbaren Geist in unseren Filmen wird?

05/10/2000

Worte wechseln Olivier und Francis nur sparsam, das scheint fast unmöglich. Sie werden mühsam hervorgebracht, wie erstickt. Die Worte sprechen von dem Schweigen, das sie verbindet, von der Last, der Dichte, der Größe der Nacht, in der sie sich befinden. Verloren, verirrt, unter Schock, nicht verstehend, was ihnen passiert ist, reden sie noch ein letztes Mal und versuchen sich wiederzufinden, das menschliche Wesen wiederzufinden, das sie sein könnten, das sie waren, an das sich zu erinnern ihnen nicht mehr gelingt, aber an das ihre Worte noch glauben.

10/10/2000

Ich habe die letzte Szene des Drehbuchs DER SOHN beendet. Ist es gut? Ich weiß es nicht. Ich bin vielleicht zu gefühlsbetont, wie schon meine Lehrer immer meinten. Zum Glück sind wir zu zweit.

> »Das Böse ist kein mystisches Prinzip, das sich durch einen Ritus auslöschen lässt, es ist eine Beleidigung, die der Mensch dem Menschen antut. Niemand, nicht einmal Gott, kann sich an die Stelle des Opfers setzen. Die Welt, in der die Vergebung allmächtig ist, wird unmenschlich.«
>
> Emmanuel Levinas, *Schwierige Freiheit*

Die Vergebung darf nicht allmächtig sein zwischen Olivier und Francis. Es geht nicht um Vergeben, sondern um die Unmöglichkeit des Mordes. Und doch, wie soll man darin nicht auch ein Vergeben sehen? Wir wissen noch nicht, wie das Ende des Films werden wird, aber wir dürfen nicht auf eine Versöhnung verfallen, bei der nichts Unverzeihliches übrigbleibt. Olivier kann nicht der Ersatz für seinen Sohn sein. Olivier ist vielleicht dadurch, dass er Francis nicht umbringt, der Vater, der Francis erlaubt, noch einmal mit dem Leben anzufangen.

20/10/2000

Ich habe ICH UND MEINE LIEBE[6] von Arnaud Desplechin gesehen. Ein Meisterwerk. Das kinematografische Material tritt ganz wahrhaftig und ungeschminkt vor uns. Die Einsamkeit Esthers ist die schönste Bewegung des Films.

03/11/2000

Ich überarbeite die zweite Version des Drehbuchs. Die Anmerkungen von Jean-Pierre zur ersten Version: mehr längere Bewegungen, schneller zur Begegnung von Olivier und Francis gelangen, weniger frontal mit dem Schuldeingeständnis umgehen, mehr Leben für Olivier, denn die Situation bleibt erdrückend. Vorsicht bei der Aussparung des Gesichts von Francis. Muss man ihn vielleicht früher sehen?

6 Originaltitel: COMMENT JE ME SUIS DISPUTÉ... (MA VIE SEXUELLE).

Ich höre die Sonaten von Beethoven. Sie helfen mir beim Schreiben, beim Leben. Wenn unsere Filme eine ähnliche Wirkung haben könnten, dann hätten wir es geschafft.

07/11/2000

Als ich mit dem Schreiben von DER SOHN angefangen habe, dachte ich noch, vielleicht sei eine Form der Versöhnung durch Vergebung möglich, aber je weiter ich beim Schreiben vorankam, je mehr ich in der Figur Olivier gelebt habe, desto unmöglicher empfand ich die Vergebung. Und doch muss da noch etwas gefunden werden.

10/12/2000

MORD IN DISNEYLAND ist der Titel unserer Wirklichkeit. Unter den wilden Strudeln der allgemein verbreiteten Zerstreuung stagniert das dunkle Wasser der Langeweile, die den Mord absondert.

15/10/2000

Der heutige Zeitgeist versucht das Schuldgefühl zu liquidieren. Wie geht diese Liquidation vonstatten? Der Zeitgeist sucht sich die Schuldigen für die Existenz des Schuldgefühls. Der Geruch von Sühneopfern kehrt zurück. In aller Unschuld.

22/10/2000

Die Bewegung des Films und die Bewegung von Olivier: gehen / zurückkommen / gehen. Geheimnisvolles Zögern. Labyrinth. Noch geheimnisvoller, wenn man seinen Blick elliptisch ausspart.

Der Film muss das unmittelbare Bevorstehen des Mordes erzählen und gleichzeitig seine Verhinderung.

08/01/2001

Warum solche Figuren wie Roger, Igor, Riquet, Rosetta, Olivier, Francis? Weil sie der Interpretation widerstehen, der Aneignung? Weil sie harte, unvorhersehbare, unergründliche Kerne sind, die die sinnlose Gewalt von Individuen ohne Bindung in unserer Epoche verkörpern? Sie leben in Ermanglung, in Erwartung eines Anderen.

10/01/2001

Der Plot besteht aus der undurchsichtigen, geheimnisvollen Figur. Vielleicht ist es nicht die Figur, sondern der Darsteller selbst: Olivier Gourmet, sein Körper, sein Nacken, sein Gesicht, seine Augen, die hinter Brillengläsern verschwinden. Wir könnten uns den gleichen Film nicht mit einem anderen Körper, einem anderen Darsteller vorstellen. Das ist das dritte Element für meinen Bruder und mich, das, was wir teilen, um uns den gleichen Film zu wünschen.

14/01/2000

Jorge Luis Borges hätte geschrieben: »Ich erfinde keine Fiktion, ich erfinde Fakten.«

Ich lese Schalamow. Seine Kritik an der Vorgehensweise des fiktionalen Erzählens hat einen Bezug zu dem, was wir zu machen versuchen.

19/01/2000

Es wird immer häufiger gesagt, man müsse bedrohte Tierarten vor dem Aussterben bewahren, und alle, von der Familie bis zu den wissenschaftlichen Experten und den politisch Verantwortlichen, legen großen Eifer für ein solches Projekt, für eine solche Mission an den Tag. Es ist kaum möglich, keine Sympathie für diese Maßnahmen zu empfinden, die auf den Schutz des Lebens zielen, auf die Rettung des ökologischen Erbes, auf die Eindämmung des Verschwindens der nicht angepassten oder durch das große Raubtier Mensch überausgebeuteten »Minderheiten«, auf die Entdeckung eventueller Heilmittel, die den aussterbenden Arten Schutz gegen die Krankheiten von morgen bieten? Alles ist gut daran. Außer vielleicht die allmähliche, schleichende, schädliche Einrichtung eines Blicks auf das Menschliche, dessen Verheerungen noch nicht abzusehen sind. Die Religion, in dieser Hinsicht hellsichtiger als die wissenschaftliche Rationalität, lehrt uns, dass das Böse sich tarnt, aber wir erkennen das nicht gerne an, selbst wenn wir stets die sind, die es trifft und immer zu spät reagieren. Was wird unsere Reaktion auf jene sein, die morgen die Frage stellen, ob man nicht angesichts der Durchmischung der menschlichen Bevölkerung die unvermischten und im Aussterben begriffenen »reinen Individuen« bewahren müsste? Man kann nur hoffen, dass sie nicht mit dem Elan vertreten wird, wie aktuell die Rettung der aussterbenden Lebewesen, aber das Böse wäre gleichwohl bereits in unsere Kultur eingedrungen, wenn man die Frage stellen kann. Wir werden jede Menge Gremien erleben, die über die Notwendigkeit oder Nichtnotwendigkeit, die Rechtmäßigkeit oder Unrechtmäßigkeit einer lebendigen oder tiefgekühlten Aufbewahrung dieses oder jenes menschlichen Exemplars (was für ein angemessener Begriff!) debattieren. Man wird eine Vielzahl an Argumenten bemühen, darunter auch die der Bewahrung der Diversität der menschlichen Rasse, gegen eine Vielzahl moralischer Argumente, unter anderen gegen die Instrumentalisierung des menschlichen Wesens, und die Debatte würde schließen zugunsten der ersteren, die auf überzeugende Art im Namen des unangreifbaren Idols, zu dem das Leben geworden sein wird, ihre Ansichten dargelegt haben, dass jene menschlichen Exemplare des »reinen Typus« höchstwahrscheinlich noch unbekannte Elemente enthalten, die uns, dem »gemischten Typus«, gestatten könnten, unser Leben zu verlängern, zu bewahren und gegen bestimmte, noch unbekannte Krankheiten zu immunisieren. Man befände sich zwar in einem Zustand extremer Perversion, aber man wäre sich dessen einfach nicht mehr bewusst.

26/01/2001

Die Dialoge der ersten Szene des Drehbuchs (DER SOHN) etablieren, worum es im Film geht. »Willst du ihn sehen«, fragt Catherine. »Ich kann nicht... Ich habe schon vier«, antwortet Olivier. Es geht nicht darum, dass Francis der eine Lehrling zu viel ist, sondern dass er ein Übermaß der Blicke verursacht. Olivier kann ihn nicht sehen.

13/02/2001

Die Stangen- und Bretterstapel in der Sägereiszene steigern bei Olivier das Gefühl von Macht. Erhöhte Möglichkeit des Mordes. Die Erlaubnis zu töten ist erteilt.

15/02/2001

Der nächste Film. Die Geschichte einer jungen Frau, die sich dem Licht aussetzt, sich verbrennt, die schmelzen will. Eine Pyromanin. Sie verursacht Brände, beobachtet sie, erzählt darüber am Telefon. Eine Art Striptease? Top-Model? Eine obskurere Arbeit? Eine Arbeit am Tag und eine in der Nacht? Gesehen werden, dem Tod ausgesetzt sein, das ist ihr Absolutes.

16/02/2001

Im Filmmuseum mit Baptiste. Wir haben GEHETZT (YOU ONLY LIVE ONCE) von Fritz Lang gesehen. Der Film ist so gebaut (Drehbuch, Bildausschnitte, Schnitt, die Hauptfigur Eddie), dass der Zuschauer allmählich den Glauben verliert (außer den an das Kinobild) und damit beginnt, sich nur noch an seine eigenen Projektionen zu halten. Dieser Verlust der Glaubwürdigkeit ist ganz offensichtlich auf die Figur Eddie fokussiert, dem der Zuschauer schließlich keinen Kredit mehr einräumt (und so in die Falle tappt, die der Filmemacher ihm gestellt hat). Das wiederum bringt Eddie dazu, den Mord zu begehen, den er eben bislang nicht begangen hat und den er jetzt begeht, weil man ihm seine Schuldlosigkeit nicht glaubt. Am Ende des Films befindet sich der Zuschauer, der, trotz Jo, die Eddie liebt und an seine Unschuld glaubt, von der Schuld der Hauptfigur ausgegangen ist, am Straßenrand wieder, mit der Meute der »Polizisten« im Nacken, die auf die beiden schießen, die anders als alle anderen an die Unschuld und die Liebe geglaubt haben. Das ist ihr Sieg. Er gehört ihnen. Nur ihnen. Das ist unsere Niederlage, die Niederlage des Zuschauers.

19/02/2001

Ich habe DIE DAMEN VOM BOIS DE BOULOGNE gesehen. Alles ist dem Text von Cocteau untergeordnet, angefangen mit den Stimmen. Das erstickt alles. Ich kann das nicht wiederfinden, was die schiere Physis der Einstellungen von Bresson mich schon hat erleben lassen. Die letzte Einstellung von EIN ZUM TODE VERURTEILTER IST ENTFLOHEN hatte mir seinerzeit augenblicklich und vollständig das Gefühl vermittelt, draußen zu sein, frei, entkommen.

20/02/2001

Eine Bemerkung von Dostojewski: »Es ist sonderbar, aber so viele Henker ich auch zu Gesicht bekam, sie alle waren durchaus nicht auf den Kopf gefallen, sondern gescheite und vernünftige Leute und von großem Selbstbewusstsein, ja sogar von einem gewissen Stolz erfüllt.«

03/03/2001

Konstruieren, konstruieren, konstruieren, die nicht konstruierbare Überraschung konstruieren.

04/03/2001

Eine bedenkenswerte wahre Geschichte. Eine achtzigjährige Frau ringt umgeben von ihren drei Töchtern mit dem Tod. In einem letzten Aufbäumen, kurz bevor sie das Bewusstsein verliert, nennt sie die Vornamen von zwei der Töchter, die sich über sie beugen, nimmt ihre Hand... Sie stirbt. Sie hat den Namen der dritten nicht mehr hervorgebracht, die sich nun abgelehnt und verlassen fühlt. Die treue und liebende Tochter, die ihrer Mutter jeden Tag ihres Witwendaseins geholfen hat, in ihrem Alter und während ihrer langen Krankheit, warum ist sie nicht mehr angesprochen worden? Wie mit dieser Ungerechtigkeit umgehen? Vielleicht muss sie einsehen, dass sie selbst mit der Entfernung ihrer beiden Schwestern zu tun hatte. Und ob das so ist oder nicht, vielleicht muss sie verstehen, wie wichtig es für die Mutter in ihrem letzten Moment war, sich mit ihren beiden anderen Töchtern, den verlorenen Töchtern, zu versöhnen?

05/03/2001

Wir überarbeiten das letzte Drittel des Drehbuchs. Wir wollen den beiden etwas zu tun geben, etwas Physisches, was sie zu zweit machen müssen. Nicht nur in die Sägerei fahren, um sich Holzsorten anzusehen. Jean-Pierre schlägt vor, dass sie Bretter und Bohlen transportieren müssen, die einer allein nicht schleppen kann. So können wir die Beziehung Vater / Sohn durch die Handgriffe der Arbeit weiterentwickeln. Übertragung des Wissens in der Lehre durch die Handgriffe des Schreinerhandwerks. Keine Angst davor haben, diese Handgriffe zu filmen, sie aufzunehmen, sie zu sehen und darin die Genese der unsichtbaren Bindung einer Vaterschaft, einer Kindschaft zu sehen. Für uns, die wir das filmen, sind diese Bilder weder die Fleischwerdung von etwas Unsichtbarem noch die Entfleischlichung von etwas Sichtbarem. Es ist sichtbar und erzählt aufgrund dieser Sichtbarkeit das Unsichtbare.

11/03/2001

Kaum haben wir die achte Version des Drehbuchs zu DER SOHN beendet, da ergeben sich neue Möglichkeiten der Konstruktion, vor allem für das Ende. Wir werden das beim Dreh ausprobieren. Wir lassen das Drehbuch so. Es ist weit genug, um gelesen zu werden. Es wird Zeit, dass wir die Orte, die Motive auf uns wirken lassen.

Ich lese *Der Doppelgänger* von Dostojewski.

19/03/2001

Jean-Pierre hat mir geraten, die zwei Romane von Laurent Mauvignier zu lesen. In *Fern von euch*, in dem Céline den Unfall überlebt, bei dem ihr Ehemann stirbt, heißt es: »Und ich, nicht dass es mich nicht berührt hätte, was da passierte, aber ich dachte an Céline, wo sie jetzt gerade ist, was sie gerade tut, und ich dachte nicht nur ihretwegen daran, sondern auch, weil ich mich fragte: Wenn so was passiert und man ist der, der mit einer Schramme davonkommt, was denkt man da, was fängt man mit seinen Händen an, was tut man da?«

»Was fängt man mit seinen Händen an?« Was für eine überraschende und zutreffende Frage.

27/03/2001

In DER SOHN müssen wir noch eine Langsamkeit finden, die es in den letzten beiden Filmen nicht gibt. Ein anderes Schweigen. Das Schweigen einer Erwartung. Eine tiefer liegende, verschüttetere, abgelegenere Erwartung als die der Figur und des Publikums, eine Erwartung, die langsam alle anderen Erwartungen unterwandert, die Suspense-Momente, eine Erwartung, die nichts erwartet und deren Gegenstand überraschend hervortritt, als etwas Neues, und die die Figur und den Zuschauer packt, die in ihrem tiefsten Inneren spüren: Das war es also, das war es, ja, das war es! Töte ihn nicht! Du hast ihn bisher nicht getötet! Du wirst überhaupt nicht töten!

Jean-Pierre und ich haben den Eindruck, dass wir mit diesem Film an das Ende von etwas gelangt sind, dass wir einen Zyklus abschließen.

28/03/2001

Der Film, das ist die Figur, der Darsteller, Olivier Gourmet, der Film ist das Pulsieren eines Rätsels, das aus der Erscheinung des Gesichts, des Blicks, des Körpers von Olivier Gourmet besteht.

02/04/2001

Zwei Körper, die durch etwas Unbekanntes voneinander getrennt sind. Zwei Körper, die durch etwas Unbekanntes zueinander gezogen werden. Gesten, Worte, Blicke, die unaufhörlich die Distanz messen, die sie voneinander trennt, während die Macht des Geheimnisses sie gleichzeitig einander näherbringt. Das ist es, was wir mit unserer Kamera ausmessen müssten.

11/04/2001

Der Körper von Olivier in dauerndem Ungleichgewicht. Die Minima könnte uns helfen, diesen Schwebezustand aufzunehmen. Diese kleine Kamera macht es auch möglich, die Szene im Auto in einer Plansequenz zu drehen, in der Francis vom Beifahrersitz nach hinten wechselt.

01/05/2001

Mauerecken, Treppen, Kurven, Flure. Gerade Linien brechen. Vorwärtsgang / Rückwärtsgang. Bewegungen des Zögerns. Labyrinth. Um in den Kopf von Olivier zu gelangen.

21/05/2001

Dieser Stolz von Olivier. »Für wen hältst du dich?« fragt er Magali. In der Arroganz seines Stolzes glaubt er sich in der Lage zu vergeben, sich mit dem Mörder seines Sohnes auszusöhnen. Er glaubt über den Menschen zu stehen. Er hält sich für Gott.

27/06/2001

Oliviers Arroganz, aber auch die verrückte Hoffnung eines Verzweifelten. Er weiß weder, wohin er geht, noch warum und weshalb, aber er geht dorthin. Man weiß nie. Etwas erwartet mich vielleicht, etwas, das ich mir hier und jetzt nicht vorstellen kann, aber was vielleicht dort zu finden ist, wo ich hingehe. Etwas, das vielleicht dafür sorgt, das, was geschehen ist, ungeschehen zu machen, etwas, das vielleicht meinen Sohn wieder zum Leben erweckt.

28/06/2001

Wir haben die Darsteller für die Rollen Francis und Magali ausgesucht. Das Casting hat sehr lange gedauert. Isabella Soupart, die Schauspielerin, die Magali spielen wird, ist sehr zart, flimmerig. Morgan Marine, der Junge, der Francis spielen wird, ist unzugänglich, verstört und verstörend zugleich, wie Olivier. Zwischen Francis und Olivier gibt es eine unbekannte, unsichtbare gemeinsame Vergangenheit, die in den beiden Körpern steckt, in der verstörenden Unzugänglichkeit des einen wie des anderen Körpers. Etwas hat nicht stattgefunden, findet keinen Platz in ihrem Körper, lässt sie nicht an ihrem Platz sein, lässt sie nicht ihren Platz finden. Es ist dieses Etwas, das die beiden Körper verbindet und worauf der Zuschauer Vaterschaft und Kindschaft projizieren wird.

29/06/2001

Wir denken über den Film nach, den wir nach DER SOHN machen werden. Ein Film, dessen Figuren eine Gruppe sind. Wir wollen das schon seit ROSETTA.

18/07/2001

Ich habe DAS ZIMMER MEINES SOHNES von Nanni Moretti gesehen. Die Reise am Schluss ist schön in ihrer Schlichtheit, schlicht in ihrer Schönheit. Eine unsichtbare Quelle speist diese Bilder, bewässert sie langsam. Das zerbrechliche, ja wirklich zerbrechliche Leben kehrt zurück. Rückkehr des Lebens. Rückkehr zum Leben. Sich wieder lebendig fühlen zwischen den anderen, das ist einer der am schwierigsten zu filmenden Übergänge, und Moretti ist das gelungen. *Grazie*.

08/09/2001

Wir gehen auf den Dreh zu. Viele Unschlüssigkeiten bei allen Entscheidungen. Bei Jean-Pierre genauso wie bei mir. Der Film wird schwer umzusetzen sein. Neutralität ist der Zustand, den wir erreichen wollen.

18/09/2001

Am elften September waren wir in unserem Büro am Boulevard Émile-de-Laveleye, als unser Assistent, der es gerade im Autoradio gehört hatte, uns am Telefon mitteilte, dass ein Flugzeug einen der Türme des World Trade Centers in New York gerammt hätte. Eine halbe Stunde später rief er an, ein anderes Flugzeug hätte nun auch den zweiten Turm gerammt. Im Laufe des Tages erfuhren wir, dass es sich wahrscheinlich um ein islamistisches Attentat handelte. Am Abend, als wir aus dem Büro traten, trafen wir einen Universitätsprofessor, der nicht unzufrieden über das Attentat schien. »Das ist ein bisschen wie David gegen Goliath«, sagte er zu uns. Zwei Tage später war ein Brief von ihm in der Post, in dem er sich für die von ihm leichtfertig dahingesagten Sätze entschuldigte, angesichts der Schwere des Attentats, dessen Ausmaße er, als wir uns trafen, noch nicht ermessen hätte. Heute Morgen erklärt eine Schriftstellerin in einem Zeitungsartikel, man müsse trotz der schrecklichen Situation, die Tausende von Menschen jetzt erleben, sagen dürfen, dass das Bild der Türme, in die diese Flugzeuge einschlagen und explodieren, schön sei. Woher kommt die spontane Äußerung des Professors, seine Sympathie für islamistische Terroristen, woher die derart zynische Interpretation der Schriftstellerin, die das Leiden der Individuen in den Türmen vergessen, um das Schauspiel des Bildes zu genießen? Was muss sich im Kopf Europas zusammenbrauen, wenn ein Professor sich derart freuen kann, bevor er sich schuldig fühlt, wenn eine Schriftstellerin genussvoll zu sagen wagt, dass dieses Werk der Barbarei auch ein Kunstwerk sei?

29/10/2001

Wir filmen Olivier von hinten. Oft. Vielleicht zu oft? Ich weiß nicht genau warum, aber Jean-Pierre und ich haben den Eindruck, genau so muss man ihn filmen. Das haben wir uns nicht vorher ausgedacht. Das ist bei der Arbeit an der ersten Einstellung des Drehbuchs passiert, die wir auch als erste realisiert haben (und die wir gerade noch einmal nachgedreht haben, damit wir das Tempo am Anfang etwas zurücknehmen und die Vorspanntitel auf Oliviers Rücken schreiben können, den man anfangs nicht zuordnen können soll). Wir erhoffen uns von diesen Einstellungen des Rückens, des Nackens, dem Hin und Her zwischen Nacken und Rücken in der Konstruktion der Einstellungen, dass der Zuschauer vor einem Rätsel steht, vor der Unmöglichkeit zu wissen, zu sehen. Das Gesicht, die Augen dürfen die Situation nicht ausdrücken, die für sich schon die Projektion des Zuschauers in Bewegung setzen wird. Dieser Ausdruck würde die Projektion zu sehr lenken, beschränken oder sogar verhindern, während der Rücken, der Nacken dem Zuschauer erlauben, darin einzutauchen, wie ein Auto in die Nacht eintaucht. Noch etwas, was wir von der ersten Einstellung an gespürt haben: die Bedrohung Oliviers – einerseits für den, den er mit seinem Blick ins Visier nimmt, andererseits für ihn selbst, weil er Rücken und Nacken preisgibt für einen Schlag von hinten.

23/11/2001

Dreiundfünfzigster Drehtag. Eine physische Herausforderung für alle. Es liegt etwas Unmögliches in dem, was Olivier tut. Magali hat sicher Recht, wenn sie ihn fragt: »Warum machst du das eigentlich?« – und er hat zweifellos Recht, ihr zu antworten: »Ich weiß es nicht.« Wir auch nicht, wir wissen es nicht.

Das Team und die Darsteller sind sehr nah bei uns. Nur so schaffen wir das. Olivier ist ein großartiger Schauspieler. Zurückhaltung und Intensität seines Spiels haben sich auf Francis übertragen. Wir spüren manchmal, wie sehr die Erzählung in sich geschlossen ist. Der nächste Film wird offener.

07/12/2001

Wir wollten den Film DIE PRÜFUNG nennen, weil wir an die Prüfung Abrahams gedacht haben. Das Ende des Films, den wir gedreht haben, hat uns wieder zu dieser Prüfung zurückgeführt. Vielleicht hat sie uns den ganzen Film über geleitet, von Anfang an, seit wir begonnen haben zu schreiben. Abraham tötet Isaak nicht. Olivier tötet Francis nicht. Olivier wird der »Vater«, Francis wird der »Sohn«, und der Strick kann dazu dienen, Bretter festzubinden, wie er Abraham dazu diente, das Schaf festzubinden.

08/12/2001

Wir müssen unser Leben verlassen, um dem Film, den Figuren Leben einzuhauchen. Am Set dulden wir nicht, wenn ein Mitglied des Teams oder ein Darsteller sein privates Leben thematisiert. Das ist wie ein Leck, aus dem die Intensität entweicht, ein nicht wiedergutzumachender Verlust für den Film. Ich erinnere mich an Alain Marcoen, unseren Kameramann bei ROSETTA, der jemandem am Set, der sich über die Kälte beschwerte, sagte: »Wie sollen wir fiktionalen Figuren ihr Leben einhauchen, wenn du uns ständig an unser eigenes erinnerst?«

11/12/2001

Als wir die Einstellung im Café gedreht haben, in der Olivier und Francis ihre Apfel-Gosette[7] essen, ist mir klargeworden, dass der Bildausschnitt die weibliche Bedienung, die Getränke bringt, nicht zeigen darf. Ich habe dabei auch noch einmal an die Szene gedacht, in der Magali auf dem Parkplatz auftaucht, wo Olivier sie aus seinem Leben und aus dem Film verabschiedet. Seltsame »Notwendigkeit«, die Frauen herauszuhalten, damit die Erzählung voranschreitet. Ruft er sie am Anfang des Mordes und der Rache wegen an? Wegen der Vergebung? Warum war für uns die Erzählung nicht anders vorstellbar als zwischen einem Vater, der seinen Sohn verloren hat und auf einen anderen »Sohn« trifft – warum nicht zwischen einer Mutter, die ihren Sohn verloren hat und die auf einen anderen »Sohn« trifft? Und warum nicht zwischen einer Mutter und einer Tochter?

14/12/2001

Wir haben gerade den allerersten Rohschnitt von DER SOHN gesehen. Olivier und Francis sind derart allein. Wie allein sie sind, eingemauert in ihre Vergangenheit, war uns nicht klar.

Wir haben festgestellt, dass Olivier noch häufiger in der Rückansicht gefilmt wird, als wir beim Dreh dachten. Natürlich hängt das auch damit zusammen, dass noch fast alle Szenen in diesem ersten Rohschnitt drin sind. Es geschieht aber Einiges mit seinem Rücken. Die Rückseite filmen. Das menschliche Rätsel, das sich im Dunkel der Rückenansicht versteckt. Die große Ellipse.

16/12/2001

Als wir Rosetta gefilmt haben, dachten wir auch erst daran, sie von hinten aufzunehmen, in ihrem Rücken zu bleiben, um dem Zuschauer den Eindruck zu vermitteln, er folge einem Soldaten im Kriegszustand. Zweifellos auch, um nicht das allzu oft gezeigte, kadrierte, kodierte und verkaufte, allzu »publike« Gesicht zu zeigen. Gegen die Bilder, die das Déjà-vu der Bilder nicht mehr brechen können, die der Zuschauer kennt, das Bild des lächelnden Gesichts, des angsterfüllten Gesichts, des konzentriert blickenden Gesichts etc. Die Einmaligkeit jedes Gesichts vermag nicht mehr gegen die Stereotype anzukommen. Das ist schrecklich.

7 Wallonische Spezialität aus Blätter- oder Brickteig.

Oliviers Rücken kann man auch als eine Art Gesicht sehen, als könnten der Rücken und der Nacken sprechen. Mehrfach während der Dreharbeiten hatte ich diesen Eindruck, und jetzt noch mehr im Schnitt, vor allem in den Szenen im Umkleideraum, wenn Olivier seinen Spind schließt und Francis von der Toilette kommend im Off vor sich hin pfeift und hinter Oliviers Rücken vorbeigeht.

17/12/2001

Eine Gemeinsamkeit zwischen Olivier und Rosetta: das Geheimnis. Als wir die Szene mit Rosetta gefilmt haben, wie sie durch den Türspalt der Waffelbude blickt, haben wir versucht, das Kameraauge so zu platzieren, dass es nicht alles sehen konnte, was Rosetta sah, aber doch so nahe an ihrem eigenen Standpunkt, dass die Kamera fast alles sieht, was Rosetta sieht. Zwischen dem Sehen dessen, was Rosetta sieht, und dem Fast-Sehen dessen, was Rosetta sieht, besteht genau der Unterschied, der beim Zuschauer die Spannung eines Geheimnisses entstehen lässt. Je mehr die Ränder dieser unterschiedlichen Sichtfelder sich annähern, ohne sich zu treffen, desto intensiver wird der Sog des Geheimnisses, der beide Standpunkte verbindet. Wenn Olivier sich auf die Fußspitzen stellt und durch das Fenster der Direktorin späht, dann sieht er Francis, dessen Hand gerade dabei ist, einen Vertrag zu unterzeichnen, er sieht seine Brust, sein Gesicht. Das Kameraauge, das nicht den gleichen Platz einnehmen kann wie die Augen von Olivier, weil der Fensterrahmen oder Oliviers Kopf die Sicht verdecken, kann nur einen Teil des Körpers von Francis sehen, aber nicht sein Gesicht. Wenn es dem Kameraauge gelingt, die Hand zu zeigen, die gerade das Dokument unterschreibt, ist der Zuschauer gespannt darauf, auch das Gesicht zu sehen, das Olivier sieht, er aber nicht. Den »falschen Platz« für die Kamera finden bei dem Versuch, sie richtig hinzustellen, nämlich dort, von wo die Figur schaut, wo die Kamera aber nicht hin kann aufgrund der Position des Hauptdarstellers, eines Hindernisses oder weil sie nicht rechtzeitig dort hingelangt, das ist unsere Art, ein Geheimnis für den Zuschauer herzustellen und gleichzeitig unseren Figuren zu einem Geheimnis, also ihrer Existenz, zu verhelfen. Kieslowski hat uns mit seinem DEKALOG und seinem Kurzfilm DAS APPARTEMENT in die Besonderheiten dieses Blicks eingeführt.

29/12/2001

Moralische Vorstellungskraft oder die Fähigkeit, sich in einen anderen hineinzuversetzen. Das in etwa ist es, was der Film vom Zuschauer verlangt. Und dieser andere überrascht. Und der überraschte Zuschauer stellt fest, dass der andere ihn woanders hingeführt hat, und er ärgert sich, weil er sich nicht vorstellen konnte, wie gut der andere ihn woanders hinführen, ihn in diese Höhe erheben konnte. Und er dankt ihm. Für den nächsten Film: die Geschichte eines Jungen, der entdeckt, dass sein Vater einen Mord begangen hat und dadurch zum Zeugen wird, den man beseitigen muss. Jean-Pierre findet, wir sollten das Mordthema ruhen lassen. Ich denke das zwar auch, aber etwas in mir denkt das nicht.

30/12/2001

Wir sehen uns noch einmal die Einstellungen von Olivier in seiner Werkstatt an, in seinem Auto. Manchmal spüre ich den Atem seines Sohnes in seinem Nacken.

08/01/2002

Ich habe mir DIE GEJAGTEN (RANCHO NOTORIOUS) von Fritz Lang angesehen. Mythisch. Er stellt eine Verbindung zu den abgelegensten menschlichen Dingen her, als wäre nichts dabei, als würde er sich gar nicht dafür interessieren. Der Film beginnt mit der Einstellung, die am Ende aller anderen Filme dieser Art steht: dem Kuss der zukünftigen Eheleute, die vermutlich in Zukunft Kinder bekommen werden. Er beginnt also falsch herum, als könnte er die Zeitfolge umkehren und rückwärtslaufen lassen, als ob Chronos erneut seine Kinder fräße. Den tragischen Kampf gegen diese Umkehrung, dieses ach so menschliche Blutbad, kämpft die gealterte und doch immer jung gebliebene Marlene. Indem sie sich opfert, um ihren alten Liebhaber zu retten, beschützt sie den jungen, rettet ihn und gibt dem Leben das Leben zurück.

17/02/2002

Daniel Pearl ist von Islamisten umgebracht worden. Bevor man ihm die Kehle durchgeschnitten hat, haben sie ihn noch sagen lassen, dass er Jude sei und Sohn von Juden. Der antisemitische Mord ist gefilmt worden. Um was zu beweisen? Die endlich gelungene Umsetzung des Opfers von Isaak? Die Rache für die Demütigung Ismaels? Ein *Snuff-Movie* gegen das Buch Genesis der Menschlichkeit. Sie können nicht gewinnen.

18/02/2002

Problem mit der Nachtszene (zufällige Begegnung von Olivier und Francis). Ich finde, dass sie den ganzen Film lähmt. Ich täusche mich sicherlich. Jean-Pierre hat manchmal den gleichen Eindruck. Wir spüren gleichwohl, wie intensiv, fremdartig diese Szene ist, wenn man sie für sich betrachtet. Vielleicht müssen wir uns damit abfinden, dass wir keinen maschinellen, kompakten Film gemacht haben.

26/02/2002

Ist unser Film interessant? Ist er gelungen? Wir wissen das langsam nicht mehr. Ist die Situation nicht zu sehr außerhalb der Norm?

14/03/2002

Endlich hat der Film Gestalt angenommen. Wir hoffen, dass Denis Freyd davon begeistert sein wird. Seine Anmerkungen zu der ersten Schnittfassung haben gezeigt, dass er ein großartiger Produzent ist, zu dem wir eine echte Verbundenheit finden können. Wir haben unseren dritten Blick gefunden.

22/03/2002

Er ist in ein weit entferntes Land geflohen. Er versteckt sich dort. Die, die ihn suchen, werden ihn trotzdem finden und töten. Das ist die kurze Geschichte des Zeugen.

04/04/2002

Der Film heißt DER SOHN. Er hätte auch DER VATER heißen können.

07/04/2002

Ich habe noch einmal mit Gérard Preszow wegen des Films über die Deportation der belgischen Juden gesprochen. Ich glaube nicht, dass er das machen wird.

14/05/2002

Woran ich gedacht habe, als ich von der letzten Schnittvorführung zurückkam: Rache hat durchaus etwas Berechtigtes und gleichzeitig, aufgrund der Freude berechtigt zu sein, keine Berechtigung.

29/05/2002

Rückkehr aus Cannes. Glücklich für Olivier, für unseren Film. Wir spüren, dass mit den drei Filmen etwas abgeschlossen ist. Wir müssen nun fortschreiten und uns dabei verändern. Mehr Figuren? Eine Gruppe?

02/06/2002

Die Kamera ist nah, dann etwas weiter weg, als wolle sie vergeblich den Schärfepunkt finden, als wolle sie den Punkt finden, wo sie die Schwingungen von Oliviers Körper einfangen kann. Der Abstand verändert sich, sucht, bis es dazu kommt, wie Jean-Pierre gesagt hat, dass der Körper zu einer Membran wird. Es ist nicht die Haut und ihre Körnung, die uns interessieren, sondern das Freilegen des unsichtbaren Körpers im sichtbaren.

02/07/2002

Wir beginnen mit der Arbeit am neuen Film. Ohne Ergebnis. Ich fühle mich ausgetrocknet, steril, zu nervös, eingeengt, den ganzen Raum einnehmend. Nichts passt da mehr hinein.

03/07/2002

Dieses Bild einer Frau mit Kinderwagen, in dem ein Kind schläft, steigt wieder auf. Sie ging die Rue du Molinay herunter, ärmlich gekleidet, blickte nicht rechts, nicht links, grüßte niemanden, schob den Kinderwagen recht unsanft, als ob kein Kind darin liegen würde. Woher kam sie? Wo ging sie hin?... Ich habe sie abends noch einmal gesehen, als sie die Straße wieder hochging, mit dem gleichen entschiedenen Schritt, dem gleichen verwilderten Blick, das Kind wieder unbewegt und stumm in seinem Schlaf. Es wirkte, als ob sie fliehen würde, als fliehe sie vor dem Kind, das sie vor sich herschiebt.

11/08/2002

Ich tauche gerade halbtags ins Englische ein. Nächste Woche wird es ganztags sein. Jeden Morgen flößt mir das eine Angst ein wie damals, als ich gezwungen wurde, ins Schwimmbad zu gehen. Ich will nicht ins Wasser. Ein Ziehen im Bauch lässt mich nicht normal atmen, ganz unbewusst, ohne dass ich darüber nachdenke. Ich frage mich, ob ich das schaffe. Ich habe ja immerhin auch schwimmen gelernt. Ich schaue wieder und wieder THE SEARCHERS, DER SCHWARZE FALKE.

12/08/2002

> »Sooft sich aber das schwere Leid innerhalb von Naheverhältnissen ereignet (z.B.: ein Bruder steht gegen den Bruder oder ein Sohn gegen den Vater oder eine Mutter gegen den Sohn oder ein Sohn gegen die Mutter; der eine tötet den anderen oder er beabsichtigt, ihn zu töten, oder er tut ihm etwas anderes derartiges an) – nach allen diesen Fällen muss man Ausschau halten.«
>
> Aristoteles, *Poetik*

Warum genau muss man nach diesen Fällen Ausschau halten? Weil innerhalb einer Familie, zwischen Vater, Mutter, Sohn, Tochter, zwischen Brüdern und Schwestern Liebe und Hass am intensivsten sind. Zwischen diesen entsteht das erste starke Verlangen nach Hingabe, das erste Verlangen, jemanden umzubringen, die ersten schrecklichen und schicksalhaften Rivalitäten. Zwischen ihnen entstehen die ersten Verbote, bei denen das Zurückweisen des Begehrens oder der Rivalität eine Rolle spielt. Am Anfang steht die Familie. Wir kehren notwendigerweise jedes Mal dahin zurück, wenn wir versuchen eine Geschichte zu erfinden.

09/09/2002

Rückkehr aus der Schweiz, wo DER SOHN erstmals außerhalb eines Festivals aufgeführt wurde. Die Reaktionen zeugten davon, dass der Film eine intensive Erfahrung sein kann. Manche waren irritiert von den Kamerabewegungen. Sie haben uns gesagt: »Seht euch Oliveira oder Kiarostami an, das ist intensiv, aber sie brauchen diese ganzen Bewegungen nicht. Warum macht ihr das?« Was hätten wir ihnen antworten sollen? Sie haben offensichtlich Recht. Man muss die Kamera nicht bewegen, um Intensität herzustellen. Feste Einstellungen, nah oder totaler, erlauben das auch. Wir haben geantwortet: »Das ist so, das ist unsere Art zu sehen, zu filmen, zu inszenieren. Es gibt dafür keine Erklärung, schon gar nicht von uns.« Ich denke in der Tat, dass es dazu keine Erklärung gibt. Und trotzdem verfolgt mich ihre Frage... Unmöglich, auf das Warum zu antworten. Vielleicht möglich aufzuklären, wofür es gut ist, was wir zu übersetzen versuchen in und durch diese Bewegungen... Eine Einstellung ist vor allem ein Energiefluss, der durch die Körper und Gegenstände geht und zwischen ihnen fließt, nicht um sie anzuordnen, mit ihnen ein Bild zu komponieren, sondern um sie einzukreisen, sie in einen gleichen Zustand der Spannung, der Vibration zu versetzen, damit der ganze Film ein vibrierender Körper wird und damit der Blick des Zuschauers, der ganze Zuschauer von dieser Vibration ergriffen wird. Energie, Fluss, Vibration, ständige Bewegung, angespannt, manchmal hastig, nahe, manchmal fast gegen die Körper oder Gegenstände stoßend, um Verwirrung zu stiften, den Verlust räumlicher Anhaltspunkte, um den Zuschauer dadurch und durch die Bewegungsspiralen mitzureißen, die ihn an die gefilmten Körper und Gegenstände kleben und festpressen. Eine Bewegung, die so schnell und lückenlos ist, dass er keine Zeit hat, irgendeine Distanz aufzubauen. Etwas Physisches, das sich austauschen will, eine Erfahrung, eine Prüfung, ein Tanz, ein Fieber. Die Kamera ist wie ein Schweißbrenner. Die Körper und die Gegenstände aufheizen. Ganz nah dran sein, um einen Glutzustand zu erreichen, eine brennende Intensität, die jeden außer sich versetzt, in einen Zustand des Zugangs zur reinen Vibration des Menschlichen. Sex wird von unserer Kamera nicht gefilmt. Unsere Kamera selbst ist sexuell. Sie filmt in direktem Zusammenspiel mit der Triebhaftigkeit der Körper, überträgt sie auf die Gegenstände, sucht in ihren Bewegungen das, was den Zustand der Erregung, die ungezügelte Anspannung befriedigt. Eine Trance in gewisser Hinsicht. Eine moralische Trance. Wenn man unter Moral das versteht, was den althergebrachten, aktuellen und unlösbaren Kampf zwischen unseren Trieben und dem Gesetz wiederholt. Ein Kampf, in dessen Verlauf das eingeschlossene, verbrannte, erschöpfte Wesen auf einen anderen zugeht, in einen anderen Zustand übergeht.

15/09/2002

Rückkehr aus Montréal und Toronto. Montréal erschien mir verändert seit meinem ersten Besuch. Ich mag diese bunte Seite, die unvermittelten Übergänge. Sehr viele Obdachlose in den Straßen.

05/11/2002

Immer noch kein Ausgangspunkt für den neuen Film. Ganz sicher mehrere Körper. Eine oder zwei Frauen? Eine Frau filmen! Können wir das? Zu zweit? Am Set haben wir Rosetta Rosetto genannt.

06/11/2002

Im Schweigen Abrahams liegt die Hoffnung, dass der Mord dank Gottes Vorsehung nicht stattfinden wird. Im Schweigen Oliviers liegt eher das Aufkommen des Wunsches zu töten.

16/11/2002

Bei Betrachtung eines Fotos von Dorothea Lange, das eine schon ältere Frau zeigt, die auf einer Bank sitzt, deren Rücken (der Rücken der Bank) etwa ein Drittel des Bildes einnimmt, denke ich wieder an den Nacken von Olivier. Die zwei oberen Bilddrittel sind im Vordergrund beherrscht vom Nacken der Frau, dem Kragen ihres Mantels, aus dem der Zipfel eines Schals hervorschaut, von ihrem leicht nach rechts geneigten Kopf, dessen eines Ohr zu sehen ist, vom Profil ihres faltigen Gesichts, dessen Auge man nicht erkennen kann, nur die Augenhöhle, auf die wie eine Fluchtlinie eine tiefeingegrabene Lachfalte zuläuft. Auf den Haaren trägt sie ein fast unsichtbares Netz. Im Hintergrund eine breite Straße, auf der unscharf vorbeifahrende Autos zu sehen sind. Die Frau sieht sie nicht, ihr Blick scheint auf etwas gerichtet, das weiter unten liegt, näher an ihr. Das führt meinen Blick zum dunklen Rücken der Bank zurück, zum Mantelkragen, dem Zipfel des Schals, dem faltigen Nacken... Der Nacken lebt fernab der Welt, losgelöst vom Körper, aus jeder Aktivität zurückgezogen, jeder Möglichkeit beraubt, etwas zu nehmen, teilzunehmen, zu sehen, der Nacken, die Unschuld dieses Körpers, so geheimnisvoll, so verletzlich, wie ihn die Andere sieht, notwendigerweise die Andere, man sieht nicht ihren Nacken, nicht den Nacken, sondern reines passives Fleisch, in das sich das Leiden eines Lebens eingeschrieben hat.

17/11/2002

Um künstlerisch etwas Neues zu erfinden, ist es manchmal interessant, das Gegenteil von dem zu machen, was die Mehrheit macht. Wie wenn man eine Szene, die einen nicht zufriedenstellt, noch einmal schreibt, aber andersherum. Die heuristischen Tugenden dieses Andersherum sind erheblich.

23/11/2002

Ich bin in Hanoi, um etwas von unserer Erfahrung als Filmemacher den hiesigen jungen Filmemachern mitzuteilen. Ich habe unsere Filme noch einmal gesehen. Die Bewegungen unserer Kamera sind nötig, weil wir mitten zwischen den Dingen sein wollen, Teil der Beziehung zwischen den Blicken und den Körpern, den Körpern und den Drehorten. Wenn die Kamera einen Körper im Profil filmt, der vor einer Wand steht und sich dann entlang der Wand in Bewegung setzt, dann wird die Kamera vor dem Körper vorbei zwischen Mauer und Körper schlüpfen und macht dabei eine Bewegung, durch die sie nacheinander den Körper erst im Profil mit der Mauer dahinter kadriert, dann die Mauer und den Körper in linkem Halbprofil, schließlich den Körper (im Profil von der anderen Seite), der den Bildausschnitt füllt (während die Mauer inzwischen nicht mehr im Bild ist), dann den Rücken des Körpers, dann den Rücken des Körpers und die Mauer am linken Bildrand. Die Kamera wird dabei eine Bewegung um 360° um den Körper herum gemacht haben, mit der sie gleichzeitig den Körper von seiner Umgebung abschottet. Warum dieser Wunsch, mitten zwischen den Dingen zu sein, drinnen zu sein? Warum dieser Wunsch, den mein Bruder und ich ganz und gar teilen? Warum entfernen wir uns nicht von den Körpern? Warum sehen wir sie nicht inmitten einer Landschaft? Warum diese vereinzelten, entwurzelten, nervösen Körper, die keine Landschaft bewohnen können, nicht in der Totalen existieren können, einer Einstellung mit Erde und Himmel, mit Natur? Wir hätten das gerne, sehr sogar, aber etwas in uns widersteht dem, gibt uns den Eindruck eines Zwangs, das Gefühl zu lügen, sobald wir den Bildausschnitt zu sehr vergrößern, als ob wir an die Wiederversöhnung des Menschen mit dem Leben glauben lassen wollten. Vielleicht finden wir da, in der Nähe der Dinge, zwischen den Körpern, eine Präsenz der menschlichen Realität, ein Feuer, eine Wärme, die strahlt, die brennt und die traurige Kälte fernhält, die in der Leere, der zu großen Leere des Lebens herrscht. Unsere Art nicht zu verzweifeln, noch an etwas zu glauben.

05/12/2002

Soziale Euthanasie. Die Obdachlosen, die Drogenabhängigen, alle, die sozial ausgegrenzt sind, können erfrieren, verhungern, an einer Überdosis sterben... Das entspricht der Ordnung der Dinge, fast eine Erleichterung. Niemand wagt es, sich darüber zu freuen, aber es protestiert auch niemand dagegen. Das wird gelebt wie ein natürlicher Ausleseprozess.

11/12/2002

> »Ihr habt den Teufel zum Vater und ihr wollt das tun, wonach es euren Vater verlangt. Er war ein Mörder von Anfang an. Und er steht nicht in der Wahrheit; denn es ist keine Wahrheit in ihm. Wenn er lügt, sagt er das, was aus ihm selbst kommt; denn er ist ein Lügner und ist der Vater der Lüge.«
>
> Johannes-Evangelium 8, 44

Dieser Text scheint von dem zu sprechen, was allem zugrunde liegt. Er scheint den Vater, den Mord, die Lüge und den Wunsch, dem mordenden und lügenden Vater nachzufolgen, mit der Figur des Teufels in Verbindung zu bringen. Ich denke noch einmal über die Geschichte nach, die wir bereits angedacht haben (den Jungen, der den Mord aufdeckt, den sein Vater begangen hat). Es würde dabei nicht nur darum gehen, die Zusammenhänge zwischen Lüge und Mord zu verfilmen, die ja vielfältig sind und aus denen zahlreiche Plots hervorgehen (der Mörder lügt, um nicht als Urheber des Mordes entdeckt zu werden, er lügt, damit sein Opfer das Mordvorhaben nicht bemerkt, eine Lüge, die nicht aufgedeckt wird, führt zum Mord etc.), sondern einen Mord zu filmen, der eine Lüge ist, eine Tötung, die auch Mord am Wort ist. Dafür muss der Mörder / Lügner ein Vater sein. Anders gesagt, der Teufel ist ein Vater, der eigentlich nicht mehr Vater sein kann und trotzdem weiter einer ist, und der Sohn muss ihn akzeptieren, weil er in diesem diabolischen Vater nicht mehr das findet, was ihm erlauben würde, die Wahrheit zu sagen, diesem Vater zu entkommen, sich im Namen der Wahrheit und des Gesetzes gegen ihn aufzulehnen. Diese beunruhigende Geschichte müsste den Sohn dazu bringen, genau wie sein Vater zu töten / lügen, oder besser noch: seinen Vater zu töten, denn das ist es schließlich, was der diabolische Vater will: den Vater töten. Der kleine Junge in unserer fiktionalen Erzählung würde also den Mord an seinem Vater begehen – und damit das Gleiche wollen, was sich auch sein teuflischer Vater wünscht.

13/12/2002

Wir fangen an, über die Figuren unseres nächsten Filmes zu reden. Eine junge (albanische?) Frau und ein Mann, jung, mager, auf der Suche nach Geld und Drogen. Jean-Piere hat noch einmal an die Geschichte gedacht, die uns eine Streetworkerin über ihren heroinabhängigen Bruder erzählt hat, dem Albaner eine Scheinheirat mit einer jungen albanischen Prostituierten, die damit die belgische Staatsangehörigkeit erhielt, für zweihunderttausend belgische Franken (etwa fünftausend Euro) schmackhaft gemacht hatten. Ein kleiner Teil der Summe wurde vor der Hochzeit ausgezahlt, und der größte Teil sollte zum Zeitpunkt der Scheidung gezahlt werden, die ein paar Monate später erfolgen sollte. In Wahrheit hat die Scheidung nie stattgefunden, und der zweite Teil wurde nie gezahlt, weil der Junkie mit einer Überdosis umgebracht worden ist. Man könnte sich vorstellen, dass die Frau sich in den Junkie verliebt und sich in den albanischen Kreisen dafür einsetzt, ihn nicht zu töten. Zu einem bestimmten Zeitpunkt wären sie dann beide auf der Flucht. Vorsicht mit der glaubwürdigen Ausgestaltung des albanischen Milieus. Vorsicht auch angesichts dieser vielleicht zu melodramatischen Situation. Manchmal reden wir auch über eine Ärztin. Eine Szene, die immer wiederkehrt, ist die eines Paria, der die Ärztin bittet, ihm beim Selbstmord zu helfen. Sie bringt ihn zum Leben zurück. Zusammenhang mit der sozialen Euthanasie von heute.

14/12/2002

Gérard Preszow hat uns geantwortet, dass er den Film über die Deportation der belgischen Juden nicht machen wird. Ich war nach unserem Telefonat und unserem gemeinsamen Mittagessen davon ausgegangen, dass er zusagen würde. Ich verstehe aber seine Antwort. Wer macht diesen Film?

16/12/2002

Warum hat sich keiner ALL OR NOTHING von Mike Leigh angesehen? Er ist abgesetzt worden, ohne dass ein Blick wirklich an ihm hängengeblieben wäre oder an den schweren, sehr schweren Körpern der Darsteller, die so genau dargestellt sind in ihrem Scheitern, in ihrem stillen Kampf, ihren Verletzungen, ihren Worten, die sie nicht in der Lage sind mitzuteilen, uns mitzuteilen. Das sind Leute, wie sie in unseren Straßen, in unseren Städten, unseren Vorstädten sterben. Wir sehen sie nicht mehr. Das Kino, das sie uns zeigen könnte, hat keine Lust mehr, sie sich anzusehen. Einige Filmemacher versuchen das noch hier und da. Unsere Epoche hat es satt, sich mit Armen und Paria zu beschäftigen. Charlie Chaplin ist altes Eisen.

18/12/2002

Ich habe mir gerade JENSEITS VON SONORA – MEXIKO von Chantal Akerman angesehen. Ein langes Pamphlet über die Mauer. Die Kamera bleibt nahe am Stacheldraht, beobachtet, späht den Gegner aus und nimmt schließlich den Kampf auf... Sie geht als Siegerin hervor, dank des Tons, dank einer Stimme. Der Zuschauer wird sich an die Blicke erinnern und an die Stimmen derer, die die Mauer zum Warten zwingt, zum Exil, zur Aufgabe, zur Einsamkeit, zur Angst und sie dem Tod überlässt. Die illegale Einwanderin, der es gelungen ist, die Mauer zu überwinden und zu verschwinden, bevor die Kamera sie einfangen konnte, die sie niemals sehen wird, bleibt für immer unbekannt. Die Stimme der Filmemacherin rettet sie vor dem Vergessen. Nicht ein Bild. Kein einziges Bild. Nur eine Stimme, das Timbre einer Stimme für die unbekannte, illegale Einwanderin. Nach diesem letzten Schlag wird sich die Mauer nicht wieder aufrichten können.

20/12/2002

> »Ein geringgeschätzter Wert und eine entlarvte Illusion haben nämlich die gleiche jämmerliche Gestalt, sie sehen sich ähnlich, und nichts ist leichter, als sie zu verwechseln.«
>
> Milan Kundera, *Der Scherz*

Die jämmerliche Gestalt eines geringgeschätzten Wertes so filmen, dass sie sich von der einer entlarvten Illusion unterscheidet. Dieser Gestalt ein neues Leben geben, gegen den Trend unserer Epoche zynischer Verwechselungen. Die Kunst kann die Welt nicht retten, aber sie kann uns daran erinnern, dass es möglich ist, sie zu retten.

30/12/2002

Als wir Olivier Gourmet Spielanweisungen gaben, haben wir ein paar Mal – mehr im Scherz – gesagt, er müsse nichts spielen, weil nicht er spricht, sondern ein anderer, irgendjemand in ihm. Olivier in Rückenansicht zu filmen, seinen Rücken zu filmen, seinen Nacken, das ist zweifellos die Form, die wir gefunden haben, um diesen anderen sprechen und hören zu lassen, diese unspielbare, unbewusste Bewegung hin zu Francis.

10/01/2003

Wir sprechen über den nächsten Film. Mühsam. Angst vor der Wiederholung, der Herausbildung eines Systems. Eine Gefahr, die umso größer ist, weil wir zu zweit sind, weil wir selbst wie ein System funktionieren? Veränderung, aber die muss korrespondieren mit etwas Gefühltem, einer Notwendigkeit, die echt ist. Warten, indem wir reden.

26/01/2003

Rückkehr aus der alemannischen Schweiz, wo wir Kinokritiker getroffen haben und mit dem Publikum über den Film debattiert haben. Ein Zuschauer sagte, die gewalttätige Spannung des Films käme aus dem Zusammenspiel der Kontinuität der Plansequenzen und der abrupten Schnitte. Je länger die Kontinuität den Zuschauer in ihrer ununterbrochenen Bewegung hält, desto überraschender und entwaffnender der plötzliche Schnitt.

Anstelle einer Figur, der wir folgen, die wir umkreisen, denken wir an zwei Personen, ein Paar. Wie das finden, was nicht in Bildausschnitte zu fassen ist? Müssen wir weniger mit unserer Kamera schreiben? Mehr kommen lassen, in Erscheinung treten lassen. Aufzeichnen. Vorsicht allerdings wegen der Langeweile, der Entropie, die sich einschleicht bei der schieren Aufzeichnung des Lebens.

30/01/2003

Ein Film über Jesus? Ich habe noch einmal gelesen, was Dreyer über sein Filmprojekt[8] gesagt hat. Müsste man die Passionsgeschichte drehen? Ich glaube nicht. Sich für den konkreten Menschen in seiner Gemeinschaft interessieren. Das Leben Jesu verfilmen und nicht die Geschichte Jesu. Ein möglicher Titel: »Das Leben eines Mannes namens Jesus« oder »Das Leben eines Juden namens Jesus«.

8 »Jesus of Nazareth«, das fertige Drehbuch blieb unverfilmt.

05/02/2003

Im Kino habe ich eine Werbung gesehen, die eine Steinigung durch Bilder zeigt. Einem Jungen wird von einem (fetten) Mann sein Handy gestohlen, der im Moment des Diebstahls von diesem Handy fotografiert wird. Dieses Foto wird sofort an alle Handys der Umgebung geschickt, die gerade in Betrieb sind, also an alle. Die Leute erkennen den Dieb, sobald er in ihr Blickfeld kommt, rennen auf ihn zu, umzingeln ihn und winken mit ihren Handys, die das anklägerische Bild zeigen, als würden sie einen Stein werfen. Diese Werbung sagt alles über das Prinzip der Werbung: Einhelligkeit herstellen. In diesem besonderen Fall: durch die Benennung eines Schuldigen, eines Sündenbocks. Wiederkehr des mythischen Zeitalters. Ich lese gerade *Ich sehe Satan vom Himmel fallen wie einen Blitz. Eine kritische Apologie des Christentums* von René Girard.

06/02/2003

Nichts für das neue Drehbuch. Weder eine Figur noch eine Situation, noch ein Anfang, noch ein Ende. Wir sprechen über die Geschichte einer Frau, einer Schlichterin für die Gas- und Elektrizitätswerke, die nach Verhandlungen und einem Vergleichsvorschlag einwilligt, dass die Energieanschlüsse eines Hauses, in dem eine arme Familie wohnt, gesperrt werden. Sie erfährt wenig später, dass die Familie »Selbstmord« begangen hat. Sie fühlt sich schuldig, ist vielleicht sogar die Einzige, die sich schuldig fühlt. Um sie herum (die Kollegen, die Freunde) versteht niemand ihr Schuldgefühl. Man tröstet sie, sie habe doch nur ihre Arbeit gemacht, alles Mögliche versucht, um ein Einvernehmen mit der Gas- und Elektrizitätsgesellschaft herzustellen. Sie konnte doch diese übertriebene und verrückte Reaktion nicht vorhersehen usw. Was wird aus dieser Frau? Was tut sie, um ihre Tat »wiedergutzumachen«? Das erinnert an Rossellinis EUROPA 51. Welche Wahl hat diese schuldige Frau? Zynismus? Soziales Engagement im Dienst der »Armen«? Was noch? Was daran interessant ist, ist eine Figur, die sich als einzige schuldig fühlt.

21/02/2003

Ich habe STÜRME von Sjöström gesehen. Eine Erzählung über das Frauwerden. Großartig. Der Wind macht ihr Angst, nimmt ihr den Atem, zwingt sie ins Haus. »Ich habe keine Angst mehr«, sagt sie am Ende. Ich habe das physisch fühlen können. Ich habe ihre Befreiung gespürt, ihre Erweckung für die Liebe, das Begehren. Sturm der Sinne! Am Ende ist der Atem ihres Körpers stärker, trägt sie mit sich, trägt auch den Sand davon, den der Wind mitgebracht hat, den Sand, der die Türen ihres Hauses und ihres Körpers blockiert hat.

25/02/2003

Wir sprechen noch einmal über unsere Geschichte von einem Kind, das von seinen Eltern verkauft wird. Verkauft – dann zurückgekauft? Wir denken noch mal an das Mädchen mit dem Kinderwagen in Seraing. Der Titel könnte sein: »Das Mädchen mit dem Kinderwagen«.

30/03/2003

Ich entdecke das Denken von Gilles Deleuze. Der Mann tappt ständig in Fallen, denen er unbedingt entgehen will, auf der Suche nach Fluchtlinien. Und macht das wie eine Ratte! Er muss unbedingt die Fallen des Anderen, der Negation, der Transzendenz entlarven, die immer wieder dort aufscheint, wo man sie nicht erwartet. Radikaler, endloser Kampf, unaufhörliche Strategie der Immanenz, um nur ihr anzugehören, ihr, nur ihr, in allen ihren Spielarten, ohne örtliche Begrenzung, horizontal. Jede Höhe verbirgt einen Aussichtspunkt! Frei nach seiner Trauerarbeit über den Tod Gottes nötigt seine Unerschrockenheit uns Bewunderung ab. Andauernd auf der Hut, ganz damit beschäftigt, seine Begriffe immer weiter zu polieren, wirkt sein Kampf allerdings zu angestrengt. Als ob er Angst vor einer Begegnung hätte, von der er weiß, dass sie unvermeidlich ist und die ihn zwingen würde, anzuhalten und den Blick zu heben. Nicht zu Gott. Nur zu jemand anders. Der das Übel und das Gute gleichermaßen zu uns bringt. Nicht etwa eine höhere Macht, sondern ein höheres Gesetz. Eine Höhe ohne Aussichtspunkt.

05/04/2003

Filmmuseum. Ich habe noch einmal NACKTE KINDHEIT von Maurice Pialat gesehen. Nicht zu tröstender François. Sie versuchen es trotzdem, Mémère und Pépère, Oma und Opa, die schon sehr alte Oma zusätzlich mit ihren Chansons und ihren Geschichtchen. Die Rachsucht des Kindes tropft aus einer zu tiefen Wunde. Nichts kann sie vernarben lassen. Ich bin nicht geliebt worden, ihr könnt mich niemals lieben, außerdem liebe ich euch nicht. Teufelskreis, den die Liebe nicht durchbrechen kann. Nackter, nervöser, einsamer Fleischkloß, der herumrollt, um wehzutun, und nur auf das trifft, was wehtut.

Manchmal allerdings gestatten Mémère und Pépère François, so etwas wie eine Kindheit zu haben, sie lassen es zu, dass er ihre Aufmerksamkeit auf sich zieht, dass er sie beunruhigt, ohne ihn dafür zu schlagen oder davonzujagen.

Das Paar, das François zuerst aufgenommen hat, konnte ihm nichts vermitteln, ihm nichts geben. Während der großen Demonstration der Arbeiter ging die Frau ihrem Mann ein Sakko kaufen, und er kaufte, statt mit den anderen auf die Demonstration zu gehen, seiner Tochter ein Spielzeug. Für sie bedeutete François nur: noch mehr Knete ranschaffen. Pépère dagegen erzählt François seine Geschichten aus der Résistance, die Geschichte aus der Zeit, als er mit den anderen zusammen war. Er hat ihm etwas zu sagen, etwas zu vermitteln, ihm zu geben, etwas, das der große Moment in seinem Leben war und das auch heute noch das Blut durch seine Adern fließen lässt, ein unschätzbares Gut, das keinen Preis hat. Zwei Paare, zwei Generationen der Arbeiterklasse, die nichts von dem, was das Wesentliche war, verbindet. Keine Jugendträume, kein Sinn fürs Abenteuer, nichts von einem Gemeinschaftsleben, von gegenseitiger Hilfe, von Hoffnung derer, die das Fabrikleben kennen, Gewerkschaften, Streiks, die Résistance. Nichts.

Großartige Schnittsequenz der Bilder von der Schlägerei und anschließend die unbewegten Körper, vor allem der Familie, die um den Tisch versammelt sitzt, mit den zwei Rücken im Vordergrund. Auch die festen Einstellungen von François in seinem Bett: Die Laken, das Kopfkissen, der Kinderkopf. Als ob nur dort die Wunden nicht mehr weh tun. Als ob der kleine François allein in seinem Bett endlich den Blick und die Arme seiner Mutter wiederfinden würde. Endlich doch so etwas wie Liebe. Endlich. Schlaf ein, François. Schlaf, schlaf so tief es geht und solange du kannst. Wenn du wach wirst, wird der Hass wieder da sein. Er wird dich wieder umgarnen. Du wirst töten. Das ist unvermeidlich.

10/04/2003

Wir haben einen Titel, um an unserem Drehbuch zu arbeiten: »Die Kraft der Liebe«. Es wird nicht mehr um eine Beziehung zwischen zwei Generationen gehen, sondern um die zwischen zwei Personen, einem jungen Mann und einer jungen Frau, die derselben Generation angehören. Einen Vater gibt es trotzdem, der das gemeinsame Kind nicht anerkennt und es verkaufen will, als wäre das ein Gegenstand unter vielen anderen. Der Titel definiert keine Handlung, er lässt uns freie Hand, um die Bewegungen, die Akte zu entwickeln. Wir haben bereits den Ablaufplan für die erste halbe Stunde fertiggestellt. Wir denken immer wieder an

SUNRISE. Dieser Film muss solide Ankerpunkte in unserem »kollektiven Unbewussten« haben, denn wir reden jedes Mal über ihn, wenn wir einen neuen Film angehen. Jean-Pierre denkt, dass die Bewegung der Versöhnung zwischen dem Jungen und dem Mädchen viel Raum und Zeit einnehmen wird.

16/04/2003

»Die Kraft der Liebe«. Der Titel ist vielleicht zu dick aufgetragen, vor allem für das Ende der Geschichte. Wir werden ihn vielleicht noch ändern. Im Augenblick hilft er uns, Bewegungen, Aktstrukturen zu finden, große Szenen und die konkreten Handlungen der Figuren. Wir haben bereits fast den ganzen Ablaufplan verfasst.

26/04/2003

Sonia und Bruno, die Vornamen der Figuren von »Die Kraft der Liebe«. Wir zögern noch wegen des Vornamens des Kindes (ein Neugeborenes). Sein Kind verkaufen, was bedeutet das? Dass er nicht erkennt, dass sein Kind sich auch an ihn als Sohn wendet, als der Sohn, dessen Vater er ist? Wir wissen nicht genau, wohin wir uns mit diesem neuen Film begeben, aber wir spüren, das ist ein Stoff aus unserer Epoche. Die Idee des verkauften Kindes stammt aus einer Notiz, die Jean-Pierre vor einigen Monaten in der Zeitung gelesen hat. Der Kontext ist ein anderer, aber es ging darum, dass die Eltern ihr Kind zu Geld gemacht haben.

27/04/2003

Ein mögliches Ende für den Film: Sonia, Bruno und das Kind (im Kinderwagen? Auf Sonias Arm?). Bruno bricht in Tränen aus... dann Sonia... Sie weinen lange... über jeden, über sie beide... Wir denken an dieses Ende, seit wir das Buch *Traité des larmes. Fragilité de Dieu, fragilité de l'âme* von Catherine Chalier gelesen haben, eine Abhandlung über die Tränen. Am Ende des Buches schreibt sie: »Aber als sie den Morgentau entdeckten, der traditionell mit dem Erwachen und der Auferstehung assoziiert wird, freuten sie sich da nicht? Dieses zarte Glück, dieses Erzittern angesichts der Lebenshoffnung lassen menschliche Tränen in ihrer reinen Nacktheit manchmal spüren.« Die Tränen von Bruno und Sonia. Die des Zuschauers vielleicht auch. Das Wasser menschlicher Tränen. Brunos Auferstehung.

28/04/2003

Es ist ein Montag. Ich beginne mit der Niederschrift der ersten Version des Drehbuchs. Nach zwei Monaten Gespräche haben wir den Plan der Geschichte und die Hauptfiguren. Der dritte Satz, der dritte Akt wird der längste werden. Ich denke an den Film, den wir nach diesem machen werden, und erinnere mich beim Anblick eines Buchs von René Girard in einem Regal meiner Bibliothek an unsere Gespräche über den Sündenbock. Ich weiß nicht, warum, aber wenn ich mit einem Drehbuch anfange, kann ich nicht anders, als an den nächsten Film zu denken. Ich glaube, das beruhigt mich.

29/04/2003

Es wird vielleicht in diesem Film eine Zartheit geben, die es in den anderen nicht gab.

26/05/2003

Es geht nicht. Ohne Kraft. Schwer. Enttäuscht. Ich habe *Onkel Wanja* aufgeschlagen... Ich habe hier und da gelesen... Allmählich ist das Leben wiedergekehrt, zerbrechlich, frisch, wie Wasser, das am Rande einer Quelle erstmals auf Steine trifft.

24/06/2003

Filmmuseum. Ich habe mehrere Hawks' gesehen. Einzigartiger Rhythmus. Erst Schritttempo, dann beschleunigt, verlangsamt sich das, tritt auf der Stelle, ruht sich aus, lässt Platz für Gesten, Blicke, situationsgebundene Worten jenseits der Handlung, eine Mahlzeit, ein Halt am Lagerfeuer, ein Lied, von einer Gitarre begleitet, eine Wunde, die versorgt wird, dann Aufbruch in plötzlicher Beschleunigung... Als ob der von der Handlung bestimmte Rhythmus Hawks nicht interessieren würde, sondern etwas, das viel schwieriger zu filmen ist, etwas wie das Leben. Ja, man kann das Leben nennen. Das Leben einer wandernden Herde. Der Lebensrhythmus einer wandernden Herde. Der Herde von RED RIVER.

27/06/2003

Ich werde noch einmal *Licht im August* von Faulkner lesen. Ich erinnere mich an etwas Starkes und Dunkles aus meiner ersten Lektüre (im Mai 1986). Etwas über Vaterschaft. Vielleicht hilft uns das, Bruno zu werden, in ihn hineinzuschlüpfen.

30/06/2003

Nach diesem Film fände ich gut, wenn wir einen trockenen Film machen, mit einer erbarmungslosen Logik, über ein Sündenbock-Phänomen.

02/07/2003

Bei dem Versuch mir Bruno und Sonia vorzustellen, sehe ich manchmal Eddie und Jo aus DU LEBST NUR EINMAL von Lang vor mir. Muss ich den Plot so aufbauen, dass man ein Paar auf der Flucht sieht? Noch einmal mit Jean-Pierre darüber reden. Die Tränen von Bruno im Moment ihrer Flucht? Bevor der Tod ihn überrascht? Sie überrascht? Würde das Kind gerettet? Das wäre sicher zu konstruiert, zu sehr zurechtgelegt, in Beziehung gesetzt, als Handlung konstruiert. Nicht das Leben verlieren. Nicht die Welt.

11/07/2003

Ich bin zum ersten Mal in meinem Leben in Jerusalem.

Ich habe Leute getroffen, die Angst um ihr Leben und das ihres Volkes haben und aufrichtig Frieden mit den Palästinensern schließen wollen, einen wahren Frieden, der dauerhaft sein soll, ohne Siegesrufe und ohne die Bitterkeit der Niederlage für die eine oder die andere Partei.

Gespräch über den Juden namens Jesus. Wenn wir jemals einen Film über sein Leben machen, dann drehen wir den in Israel.

15/07/2003

Jerusalem. Die Vorführung des Films DER SOHN ist sehr gut verlaufen. Zahlreiche angeregte Diskussionen im Foyer des Kinos, gleichermaßen über die moralischen wie über die formalen Bewegungen des Films. Wir haben den Eindruck gewonnen, dass der Energiefluss des Films die Zuschauer ergriffen hat und sie uns oder sich das gegenseitig zurückgeben mussten. Die Lebhaftigkeit und Tiefe dieses Austauschs haben mich an die Diskussionen nach der Vorführung von DAS VERSPRECHEN im »Lincoln Center« in New York erinnert. Momente, in denen man sich sagt (Eitelkeit?), dass der Film wirklich für andere existiert und nicht nur für uns, die wir ihn gemacht haben, dass er zählen wird für sie, in ihrem Leben, dass sie ihn anderen zeigen werden, ihren Kindern, dass sie sich dran erinnern werden.

16/07/2003

Tel-Aviv. Wir haben eine Nacht im Auto von Raphi verbracht, der uns quer durch die Stadt gefahren hat. Wir sind aus dem Auto ausgestiegen, um zu der Treppe zu gehen, an deren Fuß Jitzchak Rabin erschossen worden ist.

11/08/2003

Ich habe DOGVILLE von Lars von Trier gesehen. Grace ist ein eigenartiger Sündenbock. Sie sagt niemals »nein«, selbst nicht zu dem Kind, das sie darum bittet, von ihr geschlagen zu werden, um sie sofort danach wegen dieser skandalösen Handlung anzuklagen. Warum geht sie darauf ein? Warum lehnt sie nie etwas ab? Warum macht sie keinem der Einwohner von Dogville Vorwürfe? Woher kommt bei ihr diese Lust zum Jasagen? Verführt sie damit die Leute aus Dogville dazu, das Böse zutage treten zu lassen, das sie alle vergiftet? Ist Grace eine Tochter Satans, eine Verführerin, die umso furchtbarer ist, weil sie in der Gestalt des Sündenbocks auftritt? Ist sie bloß nach Dogville gekommen, um diese Hunde und Hündinnen von Dörflern dazu zu treiben, dass sie sich hündisch benehmen? Nicht um sie zu lieben, zu erziehen oder zu retten, sondern nur, um sie gegen sich selbst aufzuhetzen und ihre Bestialität hervortreten zu lassen. Ununterbrochen ja sagen zum Anderen, damit er sich selbst erniedrigt, das wäre dann Graces teuflische Technik. Die Wiederbegegnung von Grace und ihrem Vater überrascht dann nicht. Sie ist nach Dogville gekommen, um ihm besser gegenübertreten zu können. Sie hat für ihn gearbeitet. Sie hat dafür gearbeitet, ihm zu gefallen, und er ist gekommen, ihr dafür zu danken. Er wird ihr Arroganz vorwerfen: dass sie geglaubt hat, sie könnte diese Hunde und Hündinnen aus Dogville lieben lernen und dadurch retten. Simulacrum eines Vorwurfs, der die größtmögliche Komplizenschaft zwischen dem Vater und seiner Tochter zeigt, denn sie hat nur so getan, als würde sie lieben, und er tut nur so, als würde er ihr vorwerfen, sie hätte sie geliebt. In diesem Spiel, das sie spielen, gewinnt Grace das, was sie nur vorgeblich verloren hat und was ihr den höchsten Genuss bereitet. Nur ihr Vater liebt sie! Nur ihr Vater ist kein Hund! Und um diese Liebe zu besiegeln, bietet der Vater an, alle diese Hunde und Hündinnen zu vernichten, die sie haben leiden lassen. Niemand wird verschont werden, denn in Dogville hat sie niemanden gefunden, der sich nicht gegen sie verbündet hätte, selbst der, der glaubte, sie zu lieben, und der sie am Ende doch verraten hat. Aus gutem Grund konnte niemand zwischen sie und ihren Vater treten. Oh Grace! Kleine Perverse, der es für ihr Spiel der Täuschung fast gelungen ist, uns glauben zu lassen, dass ihr Vater sie verlassen hätte. Als hätte das Bühnenbild von Dogville etwas anderes als ihr Spielplatz sein können.

20/08/2003

Ich komme auf einen Titel zurück, an den wir mal gedacht haben: »Der Freikauf«.[9] Er kommt mir richtiger vor, handelt es sich doch um den finanziellen Rückkauf des verkauften Kindes und den moralischen Freikauf von Bruno. Sonias Liebe, die Bruno auf ihrer gemeinsamen Flucht wiedererlangen wird, krönt Brunos Freikauf, der trotzdem stirbt. Das Milieu (von Kleinganoven) kann den Freikauf eines Verräters nicht hinnehmen. Wer einen Verrat begeht, muss bezahlen, also sterben. Die Gewalt dürfte erst kurz vor oder während der Szenen eskalieren, die zu Brunos Tod führen. Bruno nicht auf die Dialektik von Fehler und Freikauf beschränken.

Der Verrat von Bruno an seinem Milieu: Es geht nicht darum, dass er das an sich unverkäufliche Kind verkauft hat, sondern dass er nicht das gemacht hat, was er zusätzlich zur Rückerstattung des Geldes hätte tun müssen, um dieses Kind zurückzukaufen. Er muss möglicherweise jemanden töten oder an einen Ort bringen, wo die Gauner ihn töten können. Wieder Mord? Wieder Mord und die Weigerung, die Unmöglichkeit diesen Mord für Brunos Freikauf zu begehen? Wir wiederholen uns. Jean-Pierre glaubt, wir müssen unbedingt etwas anderes finden. Ich auch, aber ich weiß nicht was. Es wäre besser, wenn Bruno nicht über das Böse und den Widerstand dagegen zu diesem Freikauf käme, der ihn verändert. Eine Situation finden, die ihn dazu zwingt, aus seinem moralischen Koma aufzuwachen – ohne das Hilfsmittel des Bösen, das

9 Der entsprechende Romantitel von Friedrich Naumowitsch Gorenstein, *Le Rachat*, aus dem Russischen von Lily Darin, Gallimard, Paris 1988.

er dafür tun muss. Eine Situation, die ihn in den Zustand versetzt, etwas Gutes zu tun, eine Geste der Güte, die ihn selbst überrascht.

Ich spüre, wir müssen eine brutale, eine sehr brutale Szene drehen (den Tod von Bruno? seinen Verrat am Milieu vor seinem Tod?). Diese Szene wird im Anbau eines Nachtclubs, einer Dancehall stattfinden, eines sehr lauten Ortes jedenfalls, mit gellender Musik (oder im Gegenteil, sehr weich, schmachtend). Ich denke an die Szene mit Lee Marvin aus POINT BLANK von Boorman.

30/08/2003

Lügen bedürfen einer umfangreichen Konstruktion. Das Böse ist eine leidenschaftliche Konstruktion (die die Zuschauerschaft begeistert), deren Räderwerk, deren Verschachtelungen man zeigen muss. Die Wahrheit und das Gute erscheinen dadurch als Offenbarung. Eine Offenbarung, die die Erlösung von allen Verwicklungen ist.

31/08/2003

Bruno macht dies... dann das... dann unterbricht er sich... macht noch etwas anderes... Er springt von einer Sache zur nächsten, erst ist er hier, dann geht er plötzlich woanders hin, wo er sich besser amüsieren kann... Es wirkt, als würde ihn nichts wirklich interessieren, als hätte er alles satt.

03/09/2003

Wenn er weint, müsste er dabei essen. Zum Beispiel ein Butterbrot. Dann wären seine Tränen nicht weinerlich.

11/09/2003

Wir sind in Tokio für Interviews vor dem Kinostart von DER SOHN im November. Auf die Frage, ob wir den Beruf von Olivier mit Bezug zum Vater von Jesus gewählt hätten, haben wir geantwortet, es müsse eine seltsame Verbindung zwischen der Arbeit mit Holz und der Vaterschaft geben. Die Geschichte von Pinocchio zeugt ebenfalls von dieser seltsamen Verbindung.

12/09/2003

Immer noch in Tokio. Vorführung des Films, gefolgt von einer Debatte, in deren Verlauf ein Mann, dessen Sohn getötet worden ist, sich zu Wort gemeldet hat, um zu erzählen, dass er die unmögliche Trauer am eigenen Leib erfahren hat und wie er dadurch zum Gegner der Todesstrafe geworden ist, die in Japan noch nicht abgeschafft worden ist. Zum Film hat er gesagt: »In Japan sagt man, dass ein Kind mit Blick auf den Rücken seines Vaters aufwächst.«

14/09/2003

Rückkehr aus Tokio. Im Flugzeug haben wir die Struktur des Drehbuchs Revue passieren lassen, das wir inzwischen »Der Freikauf« nennen. Jean-Pierre hat für den Verkauf des Kindes Vereinfachungen vorgeschlagen. Er befürchtet, dass die Szenen mit dem Paar auf der Flucht zu gewollt sind. Man kann sich in der Tat fragen, warum Sonia mit Bruno fliehen will. Was kann eine solche Kehrtwende bei ihr auslösen? Warum dieses Risiko auf sich nehmen? Es ist zwar schön, ein Paar auf der Flucht zu zeigen. Vielleicht aber in einem anderen Film. Wir spüren beide, dass der Moment der Tränen über den Freikauf und die Versöhnung aus anderen Abläufen entstehen muss. Etwas ist noch zu erledigen, und während es erledigt wird, kommen die Tränen.

17/09/2003

Bruno, der alles satt hat. Ein Abgrund. Kein Wunsch mehr weiterzuleben, aber auch keine Angst zu sterben. Nichts erreicht ihn mehr. Nichts ist der Mühe wert. Nichts hat einen Preis. Nichts zählt mehr für ihn. Außer er selbst? Nein, nicht mal er selbst.

22/09/2003

Der Weg, den Bruno zurücklegt, führt ihn deshalb zu den Tränen, weil man über Tränen nicht entscheiden kann. Sie kommen von allein, die von Sonia genauso, und dadurch erst entsteht die plötzliche, unvorhersehbare Versöhnung. Der Zuschauer erlebt mit den beiden einen Moment, dem das Schicksal, dem der Tod nichts anhaben können.

30/09/2003

Ich arbeite am Drehbuch. Jean-Pierre hat mir am Telefon Vorschläge zu den Szenen des Kindsverkaufs gemacht. Der Aufzug im Gebäude funktioniert nicht, Bruno kommt mit dem Kinderwagen nicht die Treppe hoch, er muss das Kind in den Arm nehmen. Die Wohnung, in der die Übergabe stattfinden soll, ist komplett leergeräumt, es gibt nicht mal einen Sessel, in den Bruno das Kind legen kann. Er zieht deshalb seine Jacke aus und legt das Kind darauf ab. Er hat mir auch von einem Vorfall erzählt, der sich in Lüttich zugetragen hat und den er in der Zeitung gelesen hat. Ein junger Dieb, der einer Frau die Handtasche weggerissen hatte, wurde von Leuten verfolgt, die den Diebstahl beobachtet haben. Der Dieb suchte Zuflucht am Ufer der Maas. Um sich zu verstecken, stieg er ins Wasser und hielt sich an der Uferböschung fest. Er ist dabei ertrunken, weil die Böschung nachgab (er konnte nicht schwimmen). Die Zeitung deutet an, dass er möglicherweise von den Verfolgern mit Steinen beworfen wurde. Einen solchen Tod könnte auch Bruno erleiden.

10/10/2003

Ich habe gerade die Szene mit dem Verkauf des Kindes geschrieben. Bruno nimmt das Kind zum ersten Mal auf den Arm, als er es verkauft. Die Lederjacke als Bettstatt funktioniert auch sehr gut. Man sieht das Kind hier zum ersten Mal ganz. Rätselhafte Komplexität des Verhaltens von Bruno. Viele mögliche Assoziationen, denen nicht die Zeit gelassen wird, dem Zuschauer bewusst zu werden (wie bei Bruno). Das Handy, das er in der Lederjacke vergessen hat und weswegen er noch mal zurückkehrt. Plötzliche Distanziertheit, die durch diese Sorge entsteht. Eine Distanziertheit, dank der mir Brunos Asymbolie aufgefallen ist.

11/10/2003

Wenn das nicht schon der Titel eines Bergman-Films wäre, könnten wir den Film »Die Berührung« nennen.[10]

Das Kind von Bruno und Sonia heißt Jimmy.

10 Auf Französisch heißt der Film LE LIEN [die (Ver)bindung]. Darauf bezieht sich Dardenne.

13/10/2003

Morgan (Francis in DER SOHN) ist jetzt wieder als Dachdeckerlehrling auf den Häusern unterwegs. Seine Mutter, die nicht länger mit ansehen konnte, wie er den ganzen Tag vor dem Rechner hängt, hat ihn gezwungen, wieder einen Job anzunehmen, damit er einen festen Tagesplan und ein Sozialleben hat. Er hat in einem Film und einem Fernsehspiel mitgespielt, seitdem DER SOHN abgedreht war. Danach hat niemand mehr angerufen. Er wartet.

Bruno heckt keinen Komplott aus, er spekuliert nicht auf etwas, er hat keine Strategie. Er lebt ganz im Augenblick. Er hat Lust auf etwas, er nimmt es, er hat keine Lust mehr, er wirft es weg und vergisst. Etwas in seinem Genießen hat Berührungspunkte zur Anziehungskraft des Todes.

21/10/2003

Wieder auf Bruno konzentrieren, der nicht Vater werden kann. Er weiß nicht warum (ich auch nicht), aber das kann nicht ein Teil von ihm werden. Im dritten Akt des Films wird er mit einem der Jungs aus der Bande, der für ihn arbeitet, ein Erlebnis teilen. Vielleicht (wie in der Zeitungsmeldung aus Lüttich) begeht er mit dem Jungen (zwölf, dreizehn Jahre alt) zusammen einen Diebstahl, und sie werden von Leuten verfolgt, die sie dabei beobachtet haben. Sie verstecken sich am Flussufer, lassen sich ins Wasser, halten sich mit den Händen an den Gräsern der Böschung fest. Die Gräser, an denen der Junge sich festhält, geben nach, er geht unter, ertrinkt fast. Bruno hilft ihm, rettet ihn, und durch diese Tat ändert er sich, wird er Vater. Das ist ein bisschen dick aufgetragen, aber es gibt da vielleicht etwas auszugraben. Dafür müsste dieser Moment schnell erzählt werden, beiläufig, damit er nicht (in den Augen Brunos und des Zuschauers) wie ein zentraler Wendepunkt aussieht. Bruno darf sich nicht dessen bewusst werden, was gerade passiert, er muss sich danach genauso verhalten wie vorher. Die Bewegungen der Seele bleiben unsichtbar, unterirdisch. Die Rettung des Jungen darf nicht heldenhaft erscheinen. Er hat sich nicht entschieden, das zu tun. Er ist selbst überrascht von der Tat, die er vollbracht hat. Stirbt er danach, oder hat da insgeheim etwas angefangen und spinnt sich fort? Welche Verbindung zwischen dieser Tat und Sonia? Ist sie dann nicht zu lange nicht zu sehen? Brauchen wir sie noch? Haben die Liebe Sonias und seine Liebe zu Sonia überhaupt noch eine Bedeutung, um Bruno zum Freikauf zu bewegen? Bin ich dabei, die Rolle Sonia abzuschaffen, die Frau abzuschaffen?

23/10/2003

Bruno verkauft sein Kind. Er wählt den Tod. Wie das Leben wiedererlangen?

Das Drehbuch setzt noch zu sehr auf Ideen, auf psychologische Bewegungen der Figuren. Es fehlen die Gegenstände, die kleinen konkreten Aktionen, die Requisiten der Figuren und ihre Handhabung, die kleinen Tricks und Kniffe. In DAS VERSPRECHEN hatten wir das Tipp-Ex, mit dem Igor seine kariösen Zähne aufbessert, in ROSETTA den Pfirsich in der Flasche, den Draht, um sich in der Waffelbude einzuschließen, in DER SOHN den ledernen Stützgürtel von Olivier, den Zimmermanns-Zollstock, mit dem Francis den Abstand seines Fußes zu Oliviers Fuß vermisst. Hier gibt es noch keine Dinge, keine Requisiten wie diese. Das ist ein schlechtes Zeichen. Kino lebt vom Abfilmen konkreter Dinge – wie die Manschetten von Charlie Chaplin, auf die das Mädchen den Liedtext schreibt, wie das Seil, das der Lieutenant Fontaine aus Bettlaken und dem Draht seines Bettrostes für seine Flucht knotet. Kino interessiert sich für Requisiten. Das Wesentliche am Kino sind die Requisiten.

24/10/2003

Wer ist Bruno? Was will er? Was sucht er? Ich weiß es nicht. Jean-Pierre auch nicht. Er entzieht sich uns. Mehr als alle anderen Figuren, die wir bis jetzt erfunden haben. Wie können wir ihn nicht in den Tod treiben? Es wirkt, als sei es das, was er sucht.

26/10/2003

Ich habe MYSTIC RIVER von Clint Eastwood gesehen. Keine Katharsis am Ende dieser Tragödie. Die Frauen der Helden, vor allem die Frau von Dave, verhindern, dass der Prozess der Wiederkennung in Gang kommt, in dessen Verlauf sich die Wahrheit zeigen und die Verbreitung des Bösen ihr Ende finden könnte. Am Ende des Films fährt Daves Sohn auf einem Karnevalswagen an allen Protagonisten vorbei, die für ein Straßenfest zusammengekommen sind. Eingemauert in sein Leid hoch oben auf dem Karnevalswagen, teilt uns dieses Kind mit, dass der Lauf des Bösen noch nicht sein Ende gefunden und die nächste Generation bereits erfasst hat. Niemand kann es aufhalten. Jimmy wird nicht reden, und er wird auch nicht Vater für das Kind sein. Seine Frau schwört ihn auf Machtfantasien ein, die in anderer Hinsicht prachtvoll sind. Die Mutter des Kindes redet nicht mehr. Ihr Blick zeugt schon vom Wahnsinn, der sie vernichten wird. Sean redet auch nicht mehr. Er ist zufrieden, seine Frau mit dem Baby wiedergefunden zu haben. Er wird schweigen. Er ist gerade noch zu einer kindischen Geste in der Lage, die keine Tragweite für den Lauf der Dinge besitzt. Wer also rettet dieses Kind? Wer erlöst es vom Bösen? Wer erlöst sie alle, dieses Kind und diejenigen, die nach ihm kommen werden? Wer? Nur das Kind selbst kommt dafür infrage. Das Kind, das sich umbringen wird. Vielleicht befindet es sich deshalb bereits oben auf dem Wagen.

01/11/2003

Der Film, den wir schreiben, gehört zur Familie. Er ähnelt den drei letzten. Wenn wir etwas ändern müssen, dann wird das also beim nächsten Film sein oder danach. Wir werden sehen. Erstaunlich. Wir, die wir mit dem Wunsch aufgebrochen sind, einen ganz andersartigen Film zu machen. Wie Michaux schon sagte, der Künstler »ist nicht Herr im eigenen Haus«. Zum Glück.

04/11/2003

Beim Telefongespräch mit Jean-Pierre über SZENEN EINER EHE von Bergman und die Art, in der er Klischees in den Streitszenen vermieden hat, habe ich an die Szene in der Klinik gedacht, als Bruno zu Sonia tritt, die bewusstlos im Bett liegt. Obwohl er das getan hat, was er getan hat, dürfte ihm eine Liebesgeste in ihre Richtung nicht schwerfallen. Aus seiner Sicht hat die Tatsache, dass er das Kind verkauft hat, seine Liebe zu Sonia nicht beeinträchtigt und auch nicht ihre Liebe zu ihm. Er könnte das Gesicht von Sonja streicheln oder sie küssen. Das würde das Unbewusste, Irreale, Verantwortungslose, in dem er sich treiben lässt, verstärken und wäre gleichzeitig eine Liebesgeste gegenüber Sonia. Die Tatsache ernst nehmen, dass Bruno nicht versteht, wie sehr Sonia unter dem Verschwinden ihres Sohnes leidet. Er liebt sie, verkauft ihr Kind und sieht nicht ein, warum Sonia ihn nicht mehr lieben sollte.

06/11/2003

Ich habe noch einmal *Das Wintermärchen* von Shakespeare gelesen. Ich wollte mich noch einmal auf die Suche nach Mamillius, dem jungen Prinzen begeben, dem Sohn des Leontes und der Hermione. Ich habe nie verstanden, warum sein Tod in der Versöhnung des Finales unerwähnt bleibt. Warum erinnert sich Hermione nicht an den Tod ihres Kindes? Gut, Leontes verliert ein paar Worte über ihn, bevor er den jungen Florizel trifft, aber das ist so wenig, zu wenig für einen unschuldig Gestorbenen. Bei der letzten Lektüre ist mir etwas Neues aufgefallen. Wenn Hermione nichts über Mamillius sagt, dann liegt das vielleicht schlicht und ergreifend daran, dass sie nichts sagen will, weil sie weiß, dass nur das Schweigen Mamillius aus der allgemeinen Versöhnung heraushalten kann. Nur dieses Schweigen, das kein Schweigen des Vergessens ist, besagt inmitten eines so schönen Wiedersehens, dass die Vergebung niemals den Tod ihres unschuldigen Kindes sühnen kann.

Die Szene (3 im dritten Akt), in der der Schäfer ein Neugeborenes entdeckt (Perdita), während sein Sohn ihm spektakuläre Szenen von Mord und Totschlag erzählt, die er gerade miterlebt hat, ist großartig, voller lebhafter Kontraste. Und ganz nebenbei erzählt sie auch viel über den Beruf des Filmemachers, über seinen Blick. Seinem Sohn, der ihm von einem schrecklichen Schauspiel erzählt, das er gerade gesehen hat (ein alter Mann wurde von einem Bären getötet und gefressen, und die gesamte Mannschaft eines Schiffes ist in den Wellen eines Sturms ertrunken), antwortet der Schäfer: »Ich wollte, ich wäre da gewesen, um dem alten Mann zu helfen!« Darauf sein Sohn: »Ich wollte, Ihr wäret neben dem Schiff gewesen, um zu helfen: da hätte Euer Mitleid keinen Grund und Boden gefunden.« Darauf ergänzt der Schäfer: »Schlimme Geschichten! Schlimme Geschichten! Aber sieh hier, Junge! Nun sperr die Augen auf; du kommst, wo's zum Tode geht, ich, wo was Neugebornes ist. Hier ist ein anderes Gesicht für dich […].« Ein frisch geborenes Kind, die Geburt einer Bewegung, das Leben, da ist was zu sehen, ein anderes Gesicht! Das muss man filmen! Unsere Art, dem alten Mann zu helfen. Wenn das Kino diese Illusion verliert, verliert es seinen Daseinsgrund.

Ich habe noch einmal ACCATTONE von Pasolini (auf einer DVD) gesehen. Accattone ist müde, am Rande der Erschöpfung. Er geht, er geht sehr viel, immer ein wenig schlingernd, kurz vor dem Zusammenbruch. Auch Bruno ist müde. Diese beiden jungen Männer, die beiden Diebe sind einander nahe. Von der Polizei bei seinem letzten Diebstahl gefasst, dem Diebstahl der Mortadella, gelingt es Accattone zu fliehen. Ein Polizist schreit ihm hinterher: »Warum rennst du weg? Wir kennen dich!« »Um zu sterben«, antwortet die letzte Einstellung des Films. Wird Bruno sterben? Das denke ich oft und Jean-Pierre auch. Manchmal denke ich aber das Gegenteil. Accattone stirbt, dazu hört man die Musik von Johann Sebastian Bach. Mouchette[11] stirbt, dazu hört man die Musik von Monteverdi. Wenn Bruno stirbt, gibt es dazu keine Musik?

11 Hauptfigur des gleichnamigen Films von Robert Bresson.

07/11/2003

»Er glaubte, dass er vor der Einsamkeit zu fliehen versuchte und nicht vor sich selbst. Aber die Straße zog sich weiter dahin: Wie für eine Katze war für ihn ein Ort wie der andere. Doch konnte er in keinem Ruhe finden. Aber die Straße zog sich weiter dahin, in ihren Launen und ihren Phasen, und immer leer: Er hätte sich selbst sehen können, wie in unzähligen Verkörperungen – in tiefem Schweigen, zu Bewegung verdammt, getrieben vom Mut angestoßener und angespornter Verzweiflung...« Wie Christmas in *Licht im August*, wie Accattone ist Bruno dazu verdammt, sich weiterzubewegen, getrieben vom Mut der Verzweiflung... Wie Christmas könnte er auf einmal denken: »Das ist nicht mein Leben. Ich bin hier nicht an meinem Platz.« Wie Accattone im Moment seines Todes könnte er sagen: »Jetzt fühle ich mich gut.« Könnte er überhaupt denken, dass es sich um sein Leben handelt, dass er an seinem Platz ist, könnte er sagen, dass er sich jetzt gut fühlt, außer wenn dieses Leben, dieser Platz, dieses Jetzt zu seinem Tod gehören? Könnte er sich vor sich selbst retten, vor sich selbst gerettet werden, ohne dabei zu sterben?

Ich kann nicht erklären, warum, aber mir wird bewusst, je mehr ich bei der Niederschrift des Drehbuchs vorankomme, dass der Fluss (die Maas) eine bedeutende Rolle spielt. Jean-Pierre findet es gut, dass wir Brunos Schlupfwinkel ans Flussufer verlegt haben.

21/11/2003

Diskussion mit Jean-Pierre über den dritten Satz, den dritten Akt des Films. Wir können nicht gradlinig vorgehen. Mehr ausstaffieren. Mehr im Stoff denken, weniger in der dramatischen Konstruktion, mehr im Blick, nicht im Plot.

30/11/2003

Langes Telefongespräch mit Jean-Pierre. Ich verzettele mich zu sehr in der Dramaturgie des Freikaufs. Zu den Körpern zurückkehren, den Requisiten, den Orten, den Mauern, den Türen, dem Fluss. Vom Konkreten ausgehen, nicht von den Ideen, oder so lange warten, bis die Idee vergessen wird und sie vielleicht in Gestalt von etwas Konkretem wiederkehrt, als Spur. Die entscheidenden Momente beim Abfassen unserer

Drehbücher sind die, die wir mit dem Vergessen der Ideen zubringen. Deshalb braucht das viel Zeit.

04/12/2003

Der Film könnte auch heißen »Der Junge mit dem Kinderwagen«. Der Titel verweist auf eine Filmrequisite. Auch wenn der Titel schlecht ist, wird er ein Auslöser für die Verwendung des Kinderwagens sein. Er war allerdings schon da, der Kinderwagen, zurückgelassen auf dem Quai, wo ich mit Bruno wieder hingegangen bin und ihn nicht mehr gesehen habe. Ich habe Jean-Pierre angerufen, der wie ich denkt. Der Kinderwagen kann uns retten. Eine andere Requisite, die jetzt raumgreifend wird und uns hilft, Szenen aufzubauen: Brunos Handy.

08/12/2003

Filmmuseum. Ich habe DAS MÄDCHEN MIT DEM LEICHTEN GEPÄCK[12] von Valerio Zurlini gesehen. Sehr schön. Intensiv. Aida (Claudia Cardinale) ist voller Verlangen in der Treppenhaus-Szene, wenn sie stehenbleibt, ihren Turban abnimmt und Lorenzo (Jacques Perrin) anblickt. Ich hatte den Eindruck, selbst dort Wurzeln zu schlagen. Ich habe auch die Szenen am Strand sehr gemocht. Das ist alles arrangiert, bleibt aber lebendig, unvorhersehbar. Das Ende des Films, die Szene mit dem Briefumschlag, ist großartig. Arme Aida. Schöne und lebendige Aida. Ich habe an Sonia und Bruno gedacht, an das Verlangen, ihre gegenseitige Anziehungskraft. Ich darf die Geschlechtsunterschiede ihrer Körper nicht vergessen, die jeweils voneinander angezogen werden. Das Verlangen zwischen ihnen ist spürbar, muss spürbar bleiben, sonst ist der Film misslungen. Sonia bei Dostojewski vergessen. Sonia ist ein Frauenkörper, eine erotische Natur. Sich trotzdem an die Sonia bei Dostojewski erinnern, denn Sonias erotische Natur reicht nicht aus, um Brunos Bekehrung anzustoßen.

12/12/2003

Am Ende weinen Bruno und Sonia. Sie weinen. Tränen, Tränen und nochmals Tränen. Und doch ist das nicht traurig.

12 Originaltitel: LA RAGAZZA CON LA VALIGIA (1961).

30/12/2003

Mein Blick ist auf ein Zeitungsfoto von Semira Adamu gefallen. Sie sieht mich über ihre Hände, ihre schönen, langgliedrigen und zarten Hände an… Sie wäre jetzt fünfundzwanzig. Sie würde hier in Belgien oder in Nigeria leben oder vielleicht auch anderswo. Sie ist in Brüssel am 22. September 1998 getötet worden, in dem Flugzeug, das sie mit Gewalt in ihr Heimatland zurückbringen sollte. Sie ist von drei Ordnungskräften getötet worden, die sie auf ihrem Sitz festhielten und ihr ein Kissen auf das Gesicht drückten, um ihre Protestschreie zu ersticken. Sie war noch nicht ganz zwanzig Jahre alt.

31/12/2003

Jedes Mal, wenn ich Brunos Verhalten im Drehbuch beschreibe, habe ich Lust zu schreiben: als ob das, was er tat oder das, was man ihm antat, ihn nicht betreffen würde, als wäre er nicht da.

Ich treffe immer häufiger Leute, die nicht da sind. Ich weiß nicht, wo sie sind (vielleicht in ihrer eigenen Bildwelt?), aber sie sind nicht da. Merkwürdige Gesellschaft, die Individuen hervorbringt, die nicht da sind, die nicht für einen anderen da sind, nicht für sich selbst da sind und für die niemand da ist. Am Ende des Films wird Bruno da sein.

02/01/2004

Ich habe das letzte Drittel des Drehbuchs noch einmal geändert. Wir sind zu sehr mit Liebe beschäftigt. Auf Brunos Weg gibt es jedoch auch das Gesetz. Bruno ändert sich nicht bloß dank Sonias Liebe. Er muss etwas erleben, weshalb das Gesetz für ihn zu existieren beginnt, die Dinge gewichtiger werden, weshalb er am Ende wirklich da ist, im Gefängnis, verschuldet und zum ersten Mal sieht, was er angerichtet hat, endlich in der Lage ist zu sagen: »Das bin ich.« Als wir die erste Einstellung des Films skizziert hatten, notierten wir, dass Bruno krank sein könnte, dieser Zustand ihn vielleicht bewegungsunfähig macht und seine Einsamkeit begründet. Wir hatten den Eindruck, dass er diesen Rückzug in sich selbst brauchte, um anders zu werden, um sich aus dem Strudel der Bilder zu lösen, in denen er sich selbst liebt und die ihn daran hindern zu lieben. Die Krankheit ist nicht ausreichend, um diesen Strudel anzuhalten. Außerdem würde sie Bruno gestatten, sich Sonia gegenüber als Opfer hinzustellen, sie zu seiner Krankenschwester, seiner Mutter zu machen. Schlechte melodramatische Suppe. Es muss so sein, dass Sonia bei ihrer Ablehnung Brunos bleibt und er eine konkrete und unerwartete Situation erleben muss, die ihn verwandelt (vielleicht mit Steve, wenn er ihn aus dem Fluss zieht, ihn huckepack nimmt, Feuer im Kamin eines verlassenen Hauses macht, um ihn zu wärmen?). Erst nach dieser Verwandlung kann Sonia wieder auf ihn zugehen. Verwandlung, die durch die Situation, die er mit Steve erlebt hat, nicht erklärt wird. Das bleibt undurchsichtig, rätselhaft.

03/01/2004

Am Ende des Films steht eine Versöhnung wie die von Joseph mit seinen Brüdern, die ihn verkauft und dem Vater gegenüber gelogen haben. Nur dass hier der Schuldige, Bruno, selbst als erster weint. Wird diese Szene nicht auch ins schlechte Melodram kippen? Das wird man bei den Dreharbeiten sehen. Um zu sehen, ob das funktioniert, um das Richtige zu finden, muss man am Set sein, die Einstellungen drehen.

06/01/2004

Bruno wird sich selbst anzeigen. Eine lange Bewegung, nachdem er Steve aus dem Wasser gezogen hat, nachdem er gesehen hat, wie Steve von der Polizei festgenommen wurde. Das ist die einsame Bewegung von Bruno, die bislang fehlte, sein Verhältnis zum Gesetz. Wir müssen noch die Einstellungen finden, die diese Bewegung nicht etwa ausdrücken, sondern ihr erlauben, verborgen, unsichtbar, geheim stattzufinden.

Wir haben Jérémie Renier angerufen. Er könnte Bruno sein. Wir treffen ihn bald in Brüssel. Er hat die Unbekümmertheit und Leichtigkeit, das Lachen von Bruno. Es ist erstaunlich, dass wir nicht früher an ihn gedacht haben. Vielleicht verdanken wir Bruno, dass wir an ihn gedacht haben. Ich freue mich, ihn wiederzusehen.

10/01/2004

Am Ende wird Sonia allein auf Bruno warten. Ohne Jimmy. Er muss sich überwinden zu sprechen. Er wird seinen Sohn zum ersten Mal beim Namen nennen, er wird »Jimmy« sagen. Das wäre umso stärker, wenn das Kind nicht da ist. Vielleicht muss man diese Szene mit und ohne Kind drehen? Wir werden das im Laufe der Dreharbeiten sehen. Diesen Film werden wir wieder chronologisch drehen, um die Entwicklung der Figuren zu spüren, uns von ihnen durchdringen zu lassen, um ganz sie zu werden, um entscheiden zu können, was sie machen oder sagen sollen oder auch nicht, um entscheiden zu können, ob es nötig ist oder auch nicht, an diesem oder jenem Drehort zu drehen, wie es das Drehbuch vorsieht. Chronologisch drehen wir seit DAS VERSPRECHEN. Je weiter wir beim Dreh vorankommen, desto mehr nehmen die Figuren Gestalt an, desto mehr drängen sich ihre Worte und Verhaltensweisen auf (den Darstellern wie auch uns selbst), desto mehr wagen wir Szenen umzuschreiben oder zu streichen.

12/01/2004

Vielleicht müssen wir eine Einstellung drehen, in der Bruno seinen Roller mit dem geplatzten Reifen über den Markt von Seraing schiebt? Ihn an all den Früchten, Gemüsen, Stoffen, Farben, Sprachen, Geräuschen, diesem ganzen bunten Leben entlanggehen zu sehen, würde das Leben spüren lassen, das er vielleicht gerade hinter sich lässt oder, ganz im Gegenteil, das er sich anschickt zu finden. Ein ganzes Leben, das ihn auch bei der einsamen Brückenüberquerung noch begleitet. Ihn erst zwischen Leuten zu sehen, dann ohne irgendjemand um ihn herum, das kann für den Rhythmus gut sein. Seit fünfundzwanzig Jahren versuchen wir diesen Markt von Seraing in unsere Filme einzubeziehen, einen Platz für ihn zu finden.

16/01/2004

Ich habe gerade die letzten Seiten von *Das Wasser und die Träume* von Gaston Bachelard gelesen. Er schreibt: »Der Flüssigzustand ist das [...], wonach die Sprache strebt. Sprache will fließen. [...] Worin besteht unser größtes Leiden? In dem, was wir versäumt haben zu sagen... Es ist entstanden in den Stunden, in denen wir Verschwiegenes aufgetürmt haben. Der Bach wird euch trotzdem lehren zu sprechen, trotz der Qualen und der Erinnerungen [...].« Ich denke an den Film CE GAMIN-LÀ von Renaud Victor, an Janmari, den autistischen Jungen, der mit Deligny in den Cévennen lebte. Bruno sieht dem Wasser beim Fließen zu, er würde gern reden, er würde gerne weinen. Vielleicht eine Szene mit Bruno und dem Wasser der Maas. Es ist vielleicht nicht grundlos, dass sein Rückzugsort am Ufer der Maas liegt. Darauf achten, dass wir keine Szene drehen, in der Bruno sein Innerstes »ausdrückt«.

23/01/2004

Ich habe die erste Fassung des Drehbuchs fertig, aber ich habe keinen Titel. Jean-Pierre auch nicht. Merkwürdig, wir finden sonst immer sehr früh einen Titel, um unserer Geschichte einen Rahmen zu geben, der uns hilft, zum Wesentlichen vorzudringen. Wir haben allerdings mit drei Titeln gearbeitet, die uns geholfen haben voranzukommen: »Die Kraft der Liebe«, »Der Freikauf«, »Leben«. Der letzte Titel hat mir geholfen, mich nicht auf die Entwicklung eines verschlossenen Plots zu beschränken. Das hoffe ich zumindest.

03/02/2004

Jean-Pierre hat die erste Fassung des Drehbuchs gelesen, die wir provisorisch »Das Kind« genannt haben. Der erste lange Akt bis zu der Szene, in der Sonia Bruno rauswirft, hat ihm gefallen, aber der zweite bis zum Ende erscheint ihm zu konstruiert, insbesondere die Art, wie Sonia zu Bruno zurückfindet. Die Figur der Mutter scheint ihm zu absichtsvoll aufzutreten. Er glaubt, dass die verschlossene Konstruktion des zweiten Aktes an der Präsenz der Gangster liegt, die ihr Geld verlangen. Das schafft eine dramatische Notwendigkeit, die die Figur Bruno daran hindert, wie im ersten Akt einfach nur zu existieren. Jean-Paul hat Recht. Ich glaube auch, dass die Mutter anders ins Spiel kommen muss, aufgrund der Dinge, die Bruno erlebt, weil er sie braucht, weil er sie um Geld angeht oder um ein offizielles Dokument oder etwas anderes. Ich denke nicht, dass sie aus dem Buch verschwinden muss. Sonia muss man für die Rückkehr zu Bruno anders führen als in der Szene an der Imbissbude, wo Bruno hingeht, um sie bei der Arbeit zu treffen. Sonia muss keinen Job haben. Wir sind da schon zu weit in der Geschichte und zu sehr auf Bruno zentriert, um ein neues Element einzuführen. Irgendetwas anderes, was zu Sonia hinzieht, bevor er sich selbst anzeigt, aber was? Noch einmal bei Sonia zuhause vorbeigehen, die nicht da ist? Wir sehen uns Freitag, um die Szenen eine nach der anderen durchzugehen und einen neuen Ablaufplan für den zweiten Akt zu erstellen. Zum Glück sind wir zu zweit.

09/02/2004

Ich schreibe die zweite Fassung des Drehbuchs. Ich zwinge mich, »ich« und »du« in den Dialogen zwischen Bruno und den Leuten aus dem Milieu wegzulassen, wenn es um den Austausch von Gegenständen und Geld geht. All das geschieht im Namen von niemand. Niemand ist verantwortlich. Niemand ist schuldig.

14/03/2004

Ich habe die vierte Fassung des Drehbuchs beendet. Ich glaube, der Titel »Das Kind« ist genau richtig, auch wenn er vielleicht etwas abstrakt für einen Filmtitel ist. Ich habe eine neue Szene zwischen Bruno und seiner Mutter geschrieben, mit einem flüchtigen Auftritt des »Stiefvaters«. Banale und furchtbare Szene.

26/03/2004

Ich arbeite an der sechsten Fassung und halte mich dabei an die Anmerkungen von Jean-Pierre und Denis zu den Szenen, die auf das Fast-Ertrinken von Steve folgen. Ich streiche die Szene im verlassenen Haus mit dem Feuer, das Bruno anzündet, um Steve zu wärmen. Zu lang und vor allem ein zusätzliches Motiv, das die beiden isoliert, sie auch beschützt. Wenn sie am Anleger bleiben, sind sie mehr in Gefahr, kann die Polizei sie überraschen. Bruno rubbelt die Füße und die Waden von Steve, um ihn aufzuwärmen. Bezüglich Brunos Flucht bei der Verhaftung von Steve gehe ich auf die vorige Fassung zurück. Es ist nicht nötig nahezulegen, Bruno verschwinde mit dem Geld, sobald er sieht, wie Steve von der Polizei festgenommen wird. Es gibt keinen Grund, ihm diesen letzten Betrug auch noch aufzuladen. Das hat keinen Platz, würde nur als eine Wiederholung des Im-Stich-Lassens von Jimmy interpretiert werden, das Bruno zur Reue treibt. Das wäre eine Erklärung für Brunos Entwicklung, die explizit und sichtbar macht, was ihn ändert. Ich glaube nicht, dass eine neue, falsche Moral und damit eine Verstärkung des Gefühls der Schuld Bruno zum Freikauf bringt. Indem er das erlebt, was er mit Steve erlebt, entdeckt er sich als anders, als er war, und lässt seine Verzweiflung hinter sich.

02/06/2004

Ich habe SARABANDE von Ingmar Bergman gesehen. Frauen filmen, nicht Darstellerinnen, sondern Frauen. Nur Bergman kann das. Der Körper einer Frau, gefilmt von Bergman. Es ist mehr Körper in diesem Körper als Tod im Tod. Die letzte Einstellung seines letzten Films ist die einer Frau. Nicht die einer Schauspielerin, sondern die einer Frau. Sind wir irgendwann imstande, den Körper einer Frau zu filmen? Vielleicht ist uns das unmöglich.

11/06/2004

Ich hatte Morgan am Telefon. Er arbeitet nicht mehr als Dachdecker. Er hat zwei Rollen angeboten bekommen.

06/07/2004

Die grundsätzliche Anmerkung der ersten Leser und Leserinnen des Drehbuchs war die Feststellung, dass wir in weniger engen Einstellungen drehen und dementsprechend weniger Kamerabewegungen haben werden. In der Tat muss es diesen Wunsch bei uns geben. Sicher wegen des Flusses, oder umgekehrt: es gibt den Fluss, weil wir dieses Bedürfnis hatten, in den Einstellungen offener zu werden. Ich weiß es nicht. Jedenfalls werden wir das tun, was uns zu tun notwendig erscheint in dem Moment, in dem wir es tun. Es beruhigt die Verleiher zu wissen, dass wir totaler filmen, weniger bewegt. Uns beruhigt das absolut nicht. Industriellen Landschaften misstrauen, in denen Gesichter, Körper ersticken. Nicht Drehorte abfilmen. Sobald jemand im Team sagt: »Das ist schön«, müssten wir uns sagen: »Wir liegen falsch«. Mehr denn je dem ICH DENKE AN DICH-Syndrom misstrauen. In diesem Film ging es auch um die Geschichte eines Mannes und einer Frau vor der industriellen Kulisse von Seraing.

11/07/2004

Ich habe noch einmal DER WOLFSJUNGE von François Truffaut gesehen. Jedes Mal rührt mich dieses Bild des verwilderten Jungen, der durch den Regen im Garten rennt. Sein letzter Lauf als wildes Kind. Seine letzte Trunkenheit. Ein Bild, das man durch ein Fenster im Haus sieht. Erinnerung. Verlorenes Paradies. Unbedingt durch die Fensterscheibe. Die fröhliche Kinderschar, von der Mandelstam schreibt. Ich höre ihre Schreie und ihr Lachen durch das Fenster hindurch.

16/07/2004

Wir haben verschiedene mögliche Einstellungen mit unserer DV-Kamera zu Brunos Unterschlupf am Ufer der Maas gedreht. Das Motiv ist eine Art kleiner, verlassener Bunker, der mal zum Schutz der Schleusen gebaut worden ist, die hier das Wasser eines Baches aufgestaut haben, der ehemals das Wasch- und Kühlwasser für ein Walzwerk geliefert hat. Der Bunker ist größtenteils von Schlingpflanzen überwuchert, und vor der rostigen Eisentür hängt ein dichter Vorhang aus Lianen und Ackerwinden. Man fühlt sich an einen urzeitlichen Ort versetzt. Bei der Niederschrift des Drehbuchs und noch nach unseren ersten Recherchen dachten wir nicht an so einen Ort. Das ist ein zusätzlicher Beitrag der Wirklichkeit.

18/07/2004

In London mit Emmanuelle, um die Edward-Hopper-Ausstellung zu sehen. Das Licht fällt in Rechtecken auf den Boden, die Wände. Es fällt flächig. Ein schlechter Witz. Nichts ist da, es aufzunehmen, nichts, es zu reflektieren. Die Körper nehmen wie auf einer Bühne die Haltung ein, als wollten sie sich aufwärmen, aber sie spüren keine Wärme, geben auch keine. Der Maler würde gerne malen, aber er kann das nicht mehr. Er schminkt. Er ist eine Art Präparator geworden. Die Häuser, die Körper, die Räume zwischen den Körpern, der Himmel, der Boden, alles ist erfüllt, vollgestopft mit zähem Schweigen. Niemand schreit mehr, niemand wird jemals mehr schreien. Kein Kind ist entkommen. Das ist nur zu wahr. Und das deprimiert mich.

22/07/2004

Narziss findet sich am schönsten, als er sich aufgeben kann.

22/07/2004

Ich habe (im Fernsehen) SOBIBOR von Claude Lanzmann gesehen. Ein Racheakt. Ein Akt der Gerechtigkeit. Ununterscheidbar. Ein menschlicher Akt, respekteinflößend menschlich.

27/07/2004

Wir sprechen ohne Unterlass darüber, wie wir »Das Kind« drehen wollen. Wir wollen versuchen das Leben nicht in unseren Einstellungen einfrieren zu lassen, es soll stattfinden, überquellen. Man wird sehen. Niemals den Film machen, bevor man ihn macht. Auf der Kreuzung stehen bleiben! Auf der Kreuzung! Mittendrin!

29/07/2004

Können unsere Bilder dem ersten Bild entkommen, dem des Leichnams? Wie der lähmenden Macht dieses ersten Bildes entkommen? Ist es nicht dieses Bild, am Grunde aller Bilder, das uns in seiner Gewalt hat? Ist es nicht dieses Bild, das uns immer wieder fasziniert, das unsere Bilder und Blicke erstarren lässt, das uns dazu antreibt, einen »Stil« zu finden, die Perfektion? Nur der Tod ist perfekt. Etwas in mir treibt mich in diese Erstarrung, und ich kämpfe gegen mich selbst an.

30/07/2004

Seit einem Monat verbringen wir Stunden um Stunden an den Drehorten, um über alles und nichts zu diskutieren, gelegentlich auch über den Film. Manchmal drehen wir mit unserer DV-Kamera, Jean-Pierre oder ich zeichnen die Bewegungen der Figuren nach. Notwendig für uns, um uns von den Orten, von den Figuren durchdringen zu lassen. Notwendig auch, um gemeinsam das gleiche Gespür für den Film zu entwickeln.

03/08/2004

Wir haben uns alle Einstellungsentwürfe angesehen, die wir mit der DV-Kamera an den Drehorten aufgenommen haben. Die Küche von Sonias Wohnung ist zu groß. Wir kommen auf die Bauten von Igor Gabriel (dem Ausstatter) zurück: eine Küche ohne Fenster von etwa anderthalb Metern Breite. Wenn die Küche zu groß ist, gibt es keinen Grund mehr, den Streit zwischen Bruno und Sonia in der Küche anzufangen und dann im Wohnzimmer fortzusetzen. Die Küche reicht sonst. Wir ziehen es aber vor, dass der Streit sich von der Küche ins Wohnzimmer verlagert, in eine etwas totalere Einstellung, bei der die Kamera in der Küche bleibt. Vielleicht interessiert uns auch der Türrahmen.

10/08/2004

Zeitungsmeldung aus Lüttich. Zwei etwa Dreißigjährige haben sich über den Preis einer Play-Station, die der eine dem anderen verkaufen wollte, gestritten. Sie wurden schließlich handgreiflich. Der eine hat den anderen getötet.

11/08/2004

Erzählt von einem Erzieher: nach der Schule bringt er ein Kind nach Hause. Die Familie ist arm, das Haus klein. Der Vater bittet den Erzieher herein und führt ihn in ein Zimmer, das er für sich reserviert hat und zu dem die Kinder keinen Zutritt haben. Er hat dort eine Hifi-Anlage mit Lautsprechern aufgebaut, einen Fernsehbildschirm mit Play-Station und einen Computer.

20/08/2004

Die Darsteller (Jérémie Renier und Déborah François, bald noch Jérémie Segard) sind jetzt mit uns zusammen. Wir werden mit den Proben in den Motiven anfangen und Zeit mit der Chefkostümbildnerin (Monic Parelle) verbringen, um die Kleidung unserer Figuren zu finden. Für uns sind diese Anproben entscheidend, um die Figuren zu finden, sie zu sehen. Wir zögern immer wieder und verwenden darauf viel Zeit. Wenn die Darsteller Stunden um Stunden mit uns verbringen und Kleider ausprobieren, hilft ihnen das, zu ihrer Figur zu werden, sich von den Bildern zu befreien, die sie von sich selbst und der Figur haben. Wir sprechen mit den Darstellern kaum über die Figuren, außer bei den Anproben. Wir sprechen darüber, indem wir diesen Rock auswählen statt eines anderen, diese T-Shirt-Farbe statt einer anderen nehmen, jenen Stoff anstelle eines anderen und immer wieder auf unsere Auswahl zu sprechen kommen.

Wir haben beschlossen zwölf Wochen zu drehen (dreizehn oder vierzehn, wenn es sein muss), dafür in Super 16mm. Wir geben lieber Geld für die Zeit aus. Für die Zeit, von der wir jede Menge brauchen werden, um diesen Film zu drehen. Wir werden jede Szene in mehrere Plansequenzen aufzulösen versuchen, selbst wenn einige davon Momente ohne besondere Bedeutung enthalten. Material sammeln, versuchen uns nicht auf eine einzige Plansequenz festzulegen, selbst wenn sie uns die beste und einzig mögliche Art zu sein scheint, diese Szene zu filmen.

26/08/2004

Wir proben die großen Spielszenen. Als Erstes versuchen wir, bei den Darstellern (Profis wie Laien) die Bilder zu brechen, deren Gefangene sie sind, die in enger Verbindung zu den Bildern stehen, auf die sie die Figur beschränken, die sie interpretieren sollen, zu der sie werden sollen.

Wenn diese Bilder fallen, ist das wie eine Befreiung. Sie können schließlich da sein, einfach da. Diese Arbeit versuchen wir bezüglich der Bilder, auf die wir selbst die Figuren eingeschränkt haben, auch bei uns selbst zu leisten.

Wir haben mit Jérémie Renier telefoniert, um zu wissen, welchen Familiennamen er bei der Szene mit der Vaterschaftsanerkennung in Brunos Personalausweis eingetragen haben will. Er hat ganz spontan »Michaux« geantwortet. Das ist auch der Familienname von Igor, dem Sohn von Roger in DAS VERSPRECHEN.

18/09/2004

Montag fangen wir an zu drehen. Wir dürfen nicht dadurch Gefangene unserer bisherigen Erfahrung werden, dass wir zu sehr auf sie hören oder uns taub gegen sie stellen. Das ist leicht gesagt! Erfahrung zu haben ist schlecht für den Filmemacher. Durch sie wird er unfruchtbar, sie macht all das traurig, was er sieht. Er glaubt, sich auf sie stützen zu können, aber die Form, aus der heraus sich seine Kunst entwickelt hat, ist eine Falle.

> Rosalinde: »Und Eure Erfahrung macht Euch traurig. Ich möchte lieber einen Narren halten, der mich lustig machte, als Erfahrung, die mich traurig machte.«

Shakespeare, *Wie es euch gefällt*, Akt IV, Szene 1

Da wir unsere Erfahrung als Filmemacher gemeinsam gemacht haben, kann ich nicht der Narr meines Bruders sein oder er meiner. Wer oder was wird unser Narr in diesem Film sein? Der Hauptdarsteller? Jérémie Renier? Peter Brook hat mal geschrieben, dass der Schauspieler der Narr seines Regisseurs sein kann. Der Narr, der alles leichter nehmen kann, spürt schneller und besser die einzuschlagende Richtung, in die er einen ganz beiläufig führt.

29/09/2004

Guter Drehtag am Ufer der Maas. Erneut haben wir erlebt, dass eine Einstellung, die zu mehreren erfunden wird (mit den Darstellern, dem Kameraoperateur, dem lichtsetzenden Kameramann, dem Toningenieur...), besser, lebhafter ist als die, die wir anfangs vorgeschlagen haben.

01/10/2004

Die Körperbewegungen von Benoît Dervaux (dem Kameraoperateur) sind, wenn er aus der Hand filmt, feiner, lebhafter, mehr erspürt und komplexer als jede Bewegung der Kamera mit Kran oder Dolly. Sein Oberkörper, sein Becken, seine Beine, seine Füße sind die eines Tänzers. Mit Amaury Duquenne (seinem Assistenten), der ihn in seinen Bewegungen begleitet und unterstützt, bilden sie einen einzigen Kamerakörper.

10/10/2004

Wir haben jetzt schon einige Szenen mit »Nebendarstellern« gedreht, Schauspielern, die morgens am Set auftauchen, ohne dass wir vorher mit ihnen hätten arbeiten können. Das ist bedauerlich für sie und für den Film. Zeitmangel! Diese Schauspieler haben, wie wir feststellen müssen, aufgrund der Umstände die Neigung, sich bei der Darstellung ihrer Figur ganz auf ihre Schauspieltechnik zu stützen. Wir müssen ihnen deshalb zu einem bestimmten Zeitpunkt Anweisungen geben, die sie aus dem Konzept bringen, damit sie lebendiger werden, damit sie das wiederfinden, was sie mit Technik kaschieren. Zuerst muss man sie ihre Szene ein Dutzend Mal proben und sich einrichten lassen. Haben sie sich mithilfe ihrer Technik festgelegt, gibt man ihnen eine Anweisung, die all das vollständig unterbindet, und erklärt gleichzeitig, die Proben seien beendet und wir könnten jetzt drehen. Heute Morgen haben wir mit einem Schauspieler gearbeitet (einem guten Schauspieler), der bei den Proben immer an einem bestimmten Punkt seines Textes den Blick auf seine Spielpartnerin richtete. Kurz vor dem Dreh haben wir ihm gesagt: »Schau sie nicht bei diesem Wort an, sondern bei dem Wort davor.« Das hat ihn ganz aus dem Konzept gebracht, und er war sehr gut, sehr lebendig. Seine Partnerin auch. Und so die ganze Einstellung.

11/10/2004

Es wird viel gelacht in den Anfangsszenen zwischen Bruno und Sonia. Mehr noch, als wir uns beim Schreiben des Drehbuchs oder bei den Proben vorgestellt haben. Das Lachen von Bruno muss auch in den Szenen vorkommen, in denen er allein ist, ohne Sonia. Es gibt da die Szene, in der Steve furzt, aber das reicht nicht.

23/10/2004

Wir haben zwei verschiedene Inszenierungsvarianten des Augenblicks gedreht, in dem Bruno Sonia mitteilt, dass er das Kind verkauft hat. Beide waren schlecht. Am nächsten Tag haben wir eine dritte ausprobiert, beginnend mit Bruno, der sich in seinem Unterschlupf versteckt und auf Sonia wartet. Am Anfang der Probe ist Jérémie in seinen Unterschlupf gegangen. Kurz danach sind wir hinterher, um mit ihm zu reden, und haben ihn auf dem Boden sitzend vorgefunden, die Knie an sein Gesicht herangezogen. Diese Körperhaltung, die teils Scham, teils Kampfbereitschaft verrät, war nichts anderes als eine echte Körperhaltung von Bruno. Das war offenkundig. Bruno saß vor uns in einer Weise, wie wir uns das nicht hatten vorstellen können. Jérémie war zu Bruno geworden und hat uns zu dieser neuen Inszenierung geführt, die die richtige sein wird.

17/11/2004

Die Worte können nicht dahin dringen, wo er wartet. Nur die Augen. Sie können ihn erkennen. Auf der Kreuzung! Der Asphalt! Auf der Kreuzung! Er fleht dich an. Nimm ihn. Nimm ihn ganz mit deinen Augen auf. Seine Lippen zittern. Deine Augen! Der Atem deiner Augen! Noch einmal tropft das Blut seiner Mutter auf seinen Körper. Deine Augen! Auf der Kreuzung!

09/12/2004

Es ist achtzehn Uhr. Wir haben die Dreharbeiten um zwanzig vor vier beendet, mit der Einstellung von Bruno, der den Roller mit dem geplatzten Reifen über die Pont d'Ougrée schiebt. Die gleiche Einstellung (vor einem Monat gedreht) wie die von Bruno, der den Kinderwagen schiebt. Die gleiche Einstellung wie die, in der Igor die Tasche von Assita in DAS VERSPRECHEN trägt. Jérémie war damals fünfzehn Jahre alt, hatte gerade Igor Leben eingehaucht, Rogers Sohn. Er hat nun Bruno Leben eingehaucht, weit über unsere Erwartungen hinaus. Er hat unentwegt Varianten vorgeschlagen und ausprobiert. Niemals Erstarrung. Immer voller Komplexität, voller Leben. Danke, Jérémie.

06/01/2005

Treffen in Lüttich mit Jean-Pierre Limosin für seinen Film über unsere Arbeit. Er hat uns daran erinnert, dass wir beim Kinostart von ROSETTA gesagt hatten, die Figur Rosetta sei das Echo einer Figur aus einem Dokumentarfilm von Johan van der Keuken, einer jungen Frau aus Groningen in DIE NEUE EISZEIT. Ich erinnere mich nicht mehr daran, aber es stimmt. Diese junge Frau ist Arbeiterin in einer Eisfabrik, und Rosetta arbeitet am Anfang des Films auch in einer Eisfabrik. Sie ist Analphabetin, die Eltern und der Bruder auch. Eine gedemütigte, deklassierte Familie. Wie Rosetta und ihre Mutter. Ich erinnere mich an den Moment im Film, in dem sie in ihrem winzigen Zimmer auf dem Bett sitzt und versucht den Liebesbrief des jungen Mannes zu lesen, den sie liebt. Sie leidet darunter, ihn nicht lesen zu können. Sie kämpft mit jedem Buchstaben, jeder Silbe, jedem Wort. Als ob die Kamera des Filmemachers nicht anders könnte, als bei diesem Leiden Zeuge zu sein, Hilfestellung zu geben bei dieser vergeblichen Kraftanstrengung, die unzugänglichen Liebesworte zu entziffern, beginnt sie sich in kleinen angespannten Rundumschwenks zu bewegen, schließlich weiten sich die Schwenks aus, stoßen an die Wände des winzigen Zimmers im Rhythmus der Buchstaben, Silben, Worte, die mühsam und doch erfolgreich aus dem Mund der jungen Frau hervorkommen.[13] Der Blick des Filmemachers ist aufgerufen worden von der Not der Person, die er gefilmt hat. Aus diesem Aufruf ist eine Einstellung entstanden, eine einzigartige neue Form, die anders niemals zustande gekommen wäre.

21/01/2005

Im Rahmen eines Artikels mit dem Titel »Von Auschwitz nach Nürnberg« hat die Zeitung *Le Monde* am Freitag, den 21. Januar 2005 das Foto von George Rodger veröffentlicht, auf dem man Sieg Maandag, einen niederländischen jüdischen Jungen, auf einem Waldweg sieht, an dessen Saum zahlreiche Leichen von Insassen aus Bergen-Belsen liegen, aufgenommen um den 20. April 1945 herum. Es gibt offenbar keinen speziellen Grund für den kleinen jüdischen Jungen, der überlebt hat, diesen Weg nah entlang der Leichen zu nehmen außer die entsprechende Bitte des Fotografen. Was der Fotograf nicht erbitten konnte und was ganz Sieg Maandag gehört, ist die Art, wie er auf diesem Bild da ist, wie er an den Leichen vorbeigeht, den Kopf leicht abgewendet, als ob er uns sein Leid über diesen Gang entlang der Leichen mitteilen wolle. Er geht auf den Fotografen zu, blickt ins Objektiv, kneift dabei die Augen zusammen, grimassiert mit sichtbarem Unbehagen wegen des hellen Sonnenlichts oder möglicherweise wegen des Gestanks der Leichen. Es ist da, das

13 Die Szene in Johan van der Keukens DE NIEUWE IJSTIJD (1974) zeigt die genannte Protagonistin beim mühsamen Versuch, selbst einen Liebesbrief zu schreiben, dessen Text sie in Off-Stimme wiederholt vorliest (ab 31:15).

Grauen ist da und auch der Respekt vor den Toten, denen er damit ein Gesicht gibt.
André Green schreibt in seinem Buch *Geheime Verrücktheit*: »Das aussagekräftigste Bild eines Films über das Warschauer Ghetto ist für mich das der souveränen Gleichgültigkeit, mit der zwei Nazi-Offiziere – scheinbar ohne dies zur Kenntnis zu nehmen – eine Straße überqueren, die mit Leichen übersät ist. Der Sadist kommt nicht umhin, sich mit dem Masochismus seines Partners zu identifizieren (umgekehrt gilt das gleiche). In der eben erwähnten Szene liegt das Böse in der Gleichgültigkeit des Henkers beim Anblick seines Nächsten, der als absolut Fremder betrachtet und sogar außerhalb der menschlichen Gattung angesiedelt wird.«

27/01/2005

Sechzigster Jahrestag der Befreiung von Auschwitz. Wie sich sechzig Jahre später zu Auschwitz verhalten? Die Gefühle, die uns überwältigen angesichts der Bilder, der Zeugnisse der Überlebenden, das sind Momente eines wirklichen Mitleidens mit den jüdischen Opfern des Genozids. Dieses wirkliche und überraschende Mitleiden scheint einem neuen Schub des Misstrauens, des Ressentiments, des Hasses auf die Juden in Israel die nicht mehr dem Bild des Opfers entsprechen, als Rechtfertigung zu dienen. Der Antisemitismus lebt in einer Tiefe ohne Grund, er kommt von weit her, sehr weit her, weiter und immer weiter. Wie sich sechzig Jahre später zu Auschwitz verhalten? In die tiefsten Tiefen hinabsteigen, weit hinunter in uns selbst, in unsere Familien, in unsere Religionen und Traditionen, in unsere Nationen, in unsere dunkelsten Genealogien, um herauszufinden, warum »der Jude« unvermeidbar als »der Schuldige« identifiziert wird. Wir selbst sind schuldig, dass wir diesen Abstieg nicht vollziehen. Wie sich sechzig Jahre später zu Auschwitz verhalten? Niemals glauben, man sei von Auschwitz befreit, das heißt, niemals glauben, man sei vom Antisemitismus befreit.

05/02/2005

Wir leben allein, verschanzt in unseren Bildern, stets auf der Hut, bereit uns zu verteidigen, anzugreifen, uns mitzuteilen, voller Angst vor dem scheinbar unmittelbar bevorstehenden Tod. Wir sterben älter als vor fünfzig Jahren, aber wir leben in dem Gefühl unseres unmittelbar bevorstehenden Todes, und dieses Gefühl wird immer bedrückender. Wir können es nicht mehr ertragen, dass wir vor den anderen existieren müssen, vor uns selbst. Manchmal am Abend, wenn wir allein in unseren Betten oder im Bad sind, brechen wir in Schluchzen aus.

08/02/2005

Für den nächsten Film vielleicht eine junge Frau, die allen Grund hätte, verzweifelt zu sein, die aber weiterhin daran glaubt, dass alles möglich ist. In gewisser Weise eine Gläubige, obwohl Gott tot ist. Erkundung einiger Sätze von Kierkegaard in *Die Krankheit zum Tode*: »Der Gläubige besitzt das ewig sichere Gegengift gegen die Verzweiflung: Möglichkeit; denn bei Gott ist alles in jedem Augenblick möglich. [...] Dass es einem an Möglichkeit fehlt, bedeutet entweder, dass einem alles notwendig oder dass alles Trivialität geworden ist.« Anders als ihr Umfeld lehnt sie ab, dass alles schier notwendig oder trivial geworden sein soll, sie glaubt weiterhin, dass alles möglich ist. Vielleicht gelingt es ihr, diesen Glauben, diese »Möglichkeit« jemand anderem zu vermitteln. Wie kann eine Frau, die nicht an Gott glaubt, glauben, dass alles möglich ist? Woher kommt diese verrückte Hoffnung? Sie ist so fremdartig, gegen den Strom. Eine fiktionale Figur fliegt immer gegen den Wind.

12/02/2005

Elfte Schnittfassung von DAS KIND. Der Film dauert jetzt etwa zweiundneunzig Minuten. Wir werden auf jeden Fall noch einige Versionen schneiden müssen, aber der Rhythmus scheint da zu sein. Wir stellen jetzt fest, wie viel wir Bruno gefilmt haben, wenn er wartet (oft mit einer Mauer im Rücken). Anscheinend gefällt es uns, ihn so aufzunehmen (Bruno, also den Schauspieler Jérémie), wie er wartet, stehend oder sitzend. Er wartet auf den Mann, der aus dem Bistro kommen soll, er wartet auf das Geld, er wartet auf das Klingeln seines Handys, er wartet darauf, dass sich die Bustüren öffnen, er wartet auf den Aufzug, er wartet, bis die Händlerin vorbeigeht, um ihr die Tasche zu stehlen, er wartet darauf, dass ihm seine Mutter die Haustür öffnet. Er wartet, bis der Polizist hinter dem Schalter erscheint, er wartet auf Sonia, er wartet auf das Kind, er wartet auf Steve, er wartet auf die Dealer, er wartet auf die Krankenschwester... Worauf wartet er bei all diesem Warten? Was erwartet er? Er wartet auf die Tränen, er wartet auf seinen Schwächeanfall, den Verlust seiner Kräfte. Nicht die Bewegung eines Freikaufs, einer Auferstehung, sondern die Unterbrechung jeder Bewegung, das Stillstehen, die Schwäche erlauben ihm, Sonia wiederzusehen, die da ist, ihm gegenüber sitzt, und Jimmy vor sich zu sehen, obwohl er physisch nicht anwesend ist, aber der ebenfalls da ist, vor Bruno, in Tränen aufgelöst.

ZITATNACHWEISE

26/12/1991
Aus dem Briefwechsel Paul Celan / Hans Bender, in: Paul Celan, *Gesammelte Werke in funf Bänden*, Bd. 3, hrsg. v. B. Allemann und S. Reichert unter Mitw. v. R. Bucher, Suhrkamp: Frankfurt am Main 1983, S. 177, zit. in: Emmanuel Levinas, *Totalität und Unendlichkeit. Versuch über die Exteriorität*, übers. v. Wolfgang Nikolaus Krewani 1987, Karl Alber: Freiburg / München 2003, S. 193

19/01/1992
Johan van der Keuken, *Abenteuer eines Auges*, aus dem Niederländischen übers. v. Birgit Baumgarten, Stroemfeld / Roter Stern: Hamburg 1992, darin: »Film ist keine Sprache«, S. 26

15/05/1992
Max Picard, *Zerstörte und unzerstörbare Welt*, Rentsch: Erlenbach 1951, S. 41

04/09/1992
Henri Michaux, *Mains élues*; Erstveröffentlichung in: ders., *Chemins cherchés, chemins perdus, transgressions*, Gallimard [nrf]: Paris 1981; Wiederabdruck in: ders., *Œuvres Complets*, Bd. 3, Gallimard [Pléiades]: Paris 1998, S. 1227f. Nicht ins Deutsche übersetzt

Après méditation
naîtrait une main
sereine
apaisant l'accablé
renforçant le sage
déliant le prostré
porteuse
réparatrice
une grande main de LUMIÈRE
[...]

Nach Betrachtung
Erwüchse eine Hand
Gelassen
Den Beladenen beruhigend
Den Weisen bestärkend
Dem Niedergeschlagenen aufhelfend
Tragend
Erquickend
Eine große Hand voll *Licht*
[...]

08/11/1992
Emmanuel Levinas, *Totalität und Unendlichkeit. Versuch über die Exteriorität*, übers. v. Wolfgang Nikolaus Krewani, Karl Alber: Freiburg / München 1995, S. 23

20/01/1993
Abrahams Opfer, *Genesis* 22,7

27/01/1993
Elsa Morante, *La Storia,* Piper: München 1974, S. 574

03/03/1993
Ludwig Wittgenstein, *Tractatus logico-philosophicus*, Suhrkamp: Frankfurt am Main 1963, S. 115

18/03/1993
Friedrich Wilhelm Hegel, *Vorlesungen über die Ästhetik I,* Werke Bd. 13, auf der Grundlage der *Werke* von 1832–1845 neu edierte Ausgabe, Redaktion Eva Moldenhauer und Karl Markus Michel, Suhrkamp: Frankfurt am Main 1970, S. 385

28/03/1993
Paul Auster, *Im Land der letzten Dinge,* aus dem Englischen übers. v. Werner Schmitz, Rowohlt: Reinbek b. Hamburg 1989, Ebook-Ausgabe 2012, ohne Pagina

27/04/1993
André Bazin, *Jean Renoir,* aus dem Französischen übers. v. Udo Feldbusch, Carl Hanser: München 1977, hier zitiert nach der Ausgabe Fischer Cinema: Frankfurt am Main 1980, S. 81

09/09/1993
Marinetti, *Manifest des Futurismus*, 20. Februar 1909, in Le Figaro, Paris. Punkt 8 und 9, zitiert nach dem Eintrag auf Wikipedia: www.wikipedia.org/wiki/Futurismus [letzter Zugriff 10.03.2023]

Max Picard, *Zerstörte und unzerstörbare Welt*, Rentsch: Erlenbach 1951, S. 41

17/10/1993
Sigmund Freud, *Das Unbehagen in der Kultur*, zit. n. der Erstausgabe: Internationaler Psychoanalytischer Verlag: Wien 1930, beide Zitate S. 136 (letzte Seite)

24/10/1993
William Shakespeare, *König Lear*, Akt IV, Szene I, übers. v. Wolf Graf von Baudissin, in: *Shakespeares Dramatische Werke,* Bd. 2, übers. v. A.W. v. Schlegel u. L. Tieck, hrsg. u. revid. v. Hans Matter, Diogenes: Zürich, Lizenzausgabe Birkhäuser: Basel, Stuttgart 1979, S. 73

24/11/1993
Simone Weil, *Die Ilias oder das Poem der Gewalt,* in: dies., *Krieg und Gewalt. Essays und Aufzeichnungen*, Diaphanes: Zürich 2011, S. 161

Simone Weil, *Cahiers. Aufzeichnungen*, Bd. 2, hrsg. u. übers. v. Elisabeth Edl u. Wolfgang Matz, Carl Hanser Verlag: München 1993, S. 91

28/11/1993
George Steiner, *Der Tod der Tragödie. Ein kritischer Essay*, in: ders., Schriften 1, übers. v. Jutta u. Theodor Knust, Suhrkamp: Frankfurt am Main 2014 [Pagina nicht ermittelbar]

21/01/1994
Dardenne bezieht sich hier auf André Bazin: *Orson Welles,* Collection Ramsay Poche Cinéma, Editions du Cerf, Paris 1972, ohne Seitenangabe. Nicht ins Deutsche übersetzt

22/01/1994
Sigmund Freud, *Einige Charaktertypen aus der psychoanalytischen Arbeit*, in: ders. (Hrsg.), *Imago. Zeitschrift für Anwendung der Psychoanalyse auf die Geisteswissenschaften IV* (1916), S. 320f.

08/02/1994
Emmanuel Levinas, *Eigennamen. Meditationen über Sprache und Literatur*, aus dem Französischen übers. v. Frank Miething (Textauswahl), München / Wien: Carl Hanser, 1988 [genaues Zitat nicht ermittelbar]

16/03/1994
Blaise Pascal, *Pensées,* Fragment 434, in: ders., *Über die Religion und über einige andere Gegenstände (Pensées)*, Werke Bd. I, übers. und hrsg. v. Ewald Wasmuth, Verlag Lambert Schneider: Heidelberg 1978, S. 202

25/04/1994
Arthur Rimbaud, *Delirien I / Délires I*, in: ders., *Eine Jahreszeit in der Hölle / Une saison en Enfer* [zweisprachige Ausgabe], Autonomie und Chaos: Leipzig 2021, S. 41of. [Grundlage dieser neu konzipierten Ebook-Neuausgabe ist: ders., Das dichterische Gesamtwerk, übers. v. Franz von Rexroth, Limes: Wiesbaden 1954]; ders., *Adieu / Abschied*, in: ebd., S. 455, S. 452; vgl. www.autonomie-und-chaos.de/images/pdf/auc-144-rimbaud-rexroth.pdf [letzter Zugriff 10.03.2023]

19/05/1994
Leo Ferré, »Ton Style« aus dem Album *La Solitude*, 1971

27/05/1994
Henri Michaux, *Clown*, in: ders., *Exorzismen und andere Texte*, aus dem Französischen übers. v. Dieter Hornig, Kurt Leonhard u. Paul Celan, Droschl: Wien 2008, S. 234

06/06/1994
Toni Morrison, *Sula*, aus dem Englischen übers. v. Karin Polz, Rowohlt: Reinbek b. Hamburg 1980, Neuausgabe Ebook 2019, ohne Pagina

Johan van der Keuken, HERMANN SLOBBE. BLIND KIND 2, 1966, bei 26:20: »Hermann is een form. Tot kijk, aardige form.« [»Hermann ist eine Form. Tschüss, hübsche kleine Form.«]

07/06/1994
Emanuel Lévinas, *Schwierige Freiheit*, aus dem Französischen übers. v. Eva Moldenhauer, Jüdischer Verlag: Frankfurt am Main 1992, S. 30

12/06/1994
William Shakespeare, *Sonnet 13*, in: ders.: *The Sonnets / Die Sonette*, übers. v. Gottlob Regis, Reclam: Stuttgart 2014, S. 19

31/07/1994
Vaclav Havel, *Briefe an Olga,* Nr. 106, aus dem Tschechischen übers. v. Joachim Bruss, Rowohlt: Reinbek b. Hamburg 1990, S. 197

19/08/1994
Elias Canetti, *Masse und Macht*, Kapitel »Der Überlebende«, darin letztes Unterkapitel: »Von der Unsterblichkeit«, Carl Hanser: München 1960; Neuausgabe Ebook 2016, ohne Pagina

28/08/1994
Henri Michaux, *Schwierigkeiten*, in: ders., *Exorzismen und andere Texte*, a.a.O., S. 62

29/08/1994
Paul Claudel, *Die Geschichte von Tobias und Sarah*, aus dem Französischen übers. v. Edwin Maria, Ernst Bloch Erben: Berlin 1953

30/08/1994
Henri Michaux, *Zerreißproben*, in: ders., *Exorzismen und andere Texte*, a.a.O., S. 189 und S. 192

03/09/1994
Friedrich Hölderlin, *Sokrates und Alkibiades*, in: ders., *Werke in 2 Bänden*, Bd. I., hrsg. v. Günther Mieth, Hanser: München 1970, S. 227. Zitat bei Karl Jaspers ohne Nennung der Quelle

11/09/1994
Ernst Bloch: »Der Humor ist die diskreteste aller Utopien.« [ohne Angabe, konnte nicht ermittelt werden]

24/09/1994
Edward Bond, *Männergesellschaft*, aus dem Englischen übers. v. Brigitte Landes, Suhrkamp: Frankfurt am Main 1994, S. 61

15/10/1994
Meister Eckhart, zitiert nach: www.horst-koch.de/atheismus/ ohne Quellenangabe [Zitat nicht ermittelt]

08/12/1994
John Steinbeck, *Von Mäusen und Menschen*, übers. v. Elisabeth Rotten, Humanitas: Zürich 1940, zitiert nach der Ausgabe Wien 1992, S. 78f.

22/12/1994
Marcel Proust, *Auf der Suche nach der verlorenen Zeit. Im Schatten junger Mädchenblüte*, übers. v. Eva Rechel-Mertens, Suhrkamp: Frankfurt am Main 1954, S. 726

09/01/1995
Ebd., S. 777

10/02/1995
Toni Morrison, *Solomons Lied*, aus dem Englischen übrs. v. Angela Praesent, Rowohlt: Reinbek b. Hamburg 1979, Ebook-Neuausgabe 2019, ohne Pagina

01/03/1995
Richard Dindo, ERNESTO CHE GUEVARA, DAS BOLIVIANISCHE TAGEBUCH, 1994

13/07/1995
Marcel Proust, *Auf der Suche nach der verlorenen Zeit. Im Schatten junger Mädchenblüte*, a.a.O., S. 862f.

02/03/1996
Ebd., S. 1205f.

18/04/1996
Ernst Bloch [Quelle nicht ermittelt]

08/06/1996
Emmanuel Levinas, *Vom Sein zum Seienden*, aus dem Französischen übers. v. Anna Maria Krewani u. Wolfgang Nikolaus Krewani, Karl Alber: Freiburg / München 1997, S. 77

22/08/1996
Jean-Paul Sartre, *Was ist Literatur?*, übers. v. Hans Georg Brenner 1950, überarb. v. einer Arbeitsgruppe der Frankfurter Universität, Rowohlt, Reinbek b. Hamburg 1981, S. 89

23/08/1996
René Char, *Zorn und Geheimnis*, Fischer: Frankfurt am Main 1991, S. 12

20/01/1997
Russell Banks, *Der Gejagte,* aus dem Amerikanischen übers. v. Karin Tschumper u. Brigitta Neumeister, Benziger: Zürich 1990, S. 8

25/01/1997
Hannah Arendt, *Vita activa oder Vom tätigen Leben,* Piper: München 1967, Neuausgabe 1981, S. 242f.

19/03/1997
Marguerite Duras: *Heiße Küste,* aus dem Französischen übers. v. Georg Goyert, Biederstein: München 1952; neu durchgesehen: Suhrkamp: Frankfurt am Main 1988 [Zitat »Gesicht in Waffen« nicht ermittelt]

Friedrich Naumowitsch Gorenstein, *Le Rachat*, aus dem Russischen übers. v. Lily Darin, Gallimard: Paris 1988. Nicht ins Deutsche übersetzt

11/05/1997
Zitat Emmanuel Levinas: ohne Nennung der Quelle, [Zitat nicht ermittelt]

16/05/1997
Hannah Arendt, *Die verborgene Tradition*, Suhrkamp: Frankfurt am Main 1976, S. 68f.

20/06/1997
Emmanuel Levinas, *Außer sich*, aus dem Französischen übers. v. Frank Mieting, Hanser: München 1991, S. 192f.

25/06/1997
Emmanuel Levinas, *Schwierige Freiheit. Versuch über das Judentum*, aus dem Französischen übers. v. Eva Moldenhauer, Jüdischer Verlag: Frankfurt am Main 1992, S. 17

22/07/1997
Marguerite Duras, *Heiße Küste*, a.a.O., S. 78

29/08/1997
Robert Antelme, *Textes inédits. Sur L'Espèce humaine. Essais et témoignages,* Gallimard: Paris 1996, S. 34. Nicht ins Deutsche übersetzt

01/10/1997
William Shakespeare, *Macbeth,* Akt 1, Szene 4, übers. v. Dorothea Tieck. In: *Shakespeares Dramatische Werke,* Bd. 2, a.a.O., S. 123

04/11/1997
Gustave Flaubert, *Frau Bovary*, Kapitel 6, aus dem Französischen übers. v. Arthur Schurig, zitiert nach der Online-Ausgabe Projekt Gutenberg: www.projekt-gutenberg.org/flaubert/bovary/bovary.html [letzter Zugriff 10.03.2023]

16/11/1997
Gustave Flaubert, *Die Schule der Empfindsamkeit;* nach der Online-Ausgabe Projekt Gutenberg, ohne Angabe des Übersetzers. Erster Teil, Kapitel 1: www.projekt-gutenberg.org/flaubert/empfinds/empfinds.html [letzter Zugriff 10.03.2023]

26/11/1997
Bertolt Brecht, *Schriften zum Theater*, Bd. III, Aufbau: Berlin und Weimar 1964, S. 135

06/02/1998
Theodor W. Adorno, *Minima Moralia,* Bibliothek Suhrkamp: Frankfurt am Main Jahr 1951, Nr. 153, S. 333

27/04/1998
Albert Camus, *Die Pest,* übers. v. Guido G. Meister, Rowohlt: Reinbek b. Hamburg 1950, S. 202

10/05/1998
Georg Christoph Lichtenberg, Aphorismen F 741, zitiert nach Lichtenberg-Jahrbuch 2002, S. 56; www.google.de/books/edition/Lichtenberg_Jahrbuch

26/07/1998
Marie Balmary, *Das verbotene Opfer. Freud und die Bibel*, Turia und Kant: Wien / Berlin 2012, S. 264.

14/08/1998
William Shakespeare, *König Lear*, Akt III, Szene 4, übers. v. Graf Wolf von Baudissin, in: *Shakespeares Dramatische Werke,* Bd. 2, a.a.O., S. 60

Ebenda, Akt IV, Szene 7. S. 94

07/08/1999
Friedrich Wilhelm Hegel, *Gesammelte Werke,* Bd. 6, hrsg. v. d. Rheinisch-westfälischen Akademie der Wissenschaften, Felix Meiner Verlag, Hamburg 1975, Jenaer Systementwürfe I, hrsg. v. Klaus Düsing und Heinz Kimmerle, Das System der speculativen Philosophie. Fragmente aus Vorlesungsmanuskripten zur Philosophie der Natur und des Geistes (1803/04), Fragment 21, S. 303

27/08/1999
Henri Michaux, *Die Zukunft der Dichtung*, in: ders., *Exorzismenu d andere Texte*, a.a.O., S. 262. Michaux spricht hier von der Dichtung. Luc Dardenne hat hier »In der Dichtung [...]« durch »Im *Kino* [...]« ersetzt

06/11/1999
William Shakespeare, *Das Wintermärchen,* 3. Aufzug, 2. Szene, in der Übertragung von Dorothea Tieck, 1832, in: *Shakespeares Dramatische Werke,* Bd. 7, a.a.O., S. 159

08/02/2000
Pierre Bonnard, *Observations sur la peinture*, L'Atelier contemporain: Paris 2019. Nicht ins Deutsche übersetzt

15/02/2000
Serge Daney, *Von der Welt ins Bild*, hrsg. v. Christa Blümlinger, aus dem Französischen übers. v. Christa Blümlinger, Dieter Hornig und Silvia Ronelt, Vorwerk 8: Berlin 2000 in der Reihe Texte zum Dokumentarfilm; vgl. z.B. »Montage unerlässlich«, S. 187: »Was das Bild betrifft, dieses Bild, das wir im Kino, selbst wenn es obszön war, geliebt haben, so

stellte das Visuelle eher das Gegenteil dazu dar. Das Bild findet immer an der Grenze zweier Kraftfelder statt, es ist dazu bestimmt, von einer gewissen Andersheit zu zeugen, und, obwohl es immer einen harten Kern besitzt, fehlt ihm immer etwas. Das Bild ist immer mehr und weniger als es selbst. Das war keine Aufsehen erregende Entdeckung (es ist sogar im wesentlichen der Punkt, um den sich die Cahiers du cinéma vierzig Jahre lang drehten und auf der Stelle traten), doch mir half es, aus dem Wort »Bild« keine Leibrente als Psycho-Experte herauszuschlagen und den Nachruf auf das im Verschwinden begriffene Kino fortzusetzen. Daß es auch etwas vom anderen (ob klein oder groß, das kommt darauf an, ist aber von geringer Bedeutung) hat, das ist es also, was das Bild des Films ausmacht. Und daß es nur von einem (weder groß noch klein, aber sehr rasch »dick«, aufgedunsen, voll seiner selbst) hat, macht das Visuelle des Fernsehens aus. Und wenn sich das Visuelle heute durchsetzt, so liegt der Grund darin, daß uberall eine mehr oder weniger gut ausgehandelte Ruckkehr der Identitätsphantasmen stattfindet.«

Ernst Bloch, *Geist der Utopie*, in: ders., Gesamtausgabe Bd. 1, bearbeitete Neuauflage der zweiten Fassung von 1923, Frankfurt am Main 1964, S. 186

27/04/2000
Jean-Paul Sartre, *Entwürfe für eine Moralphilosophie,* übers. v. Hans Schöneberg u. Vincent von Wroblewsky, Rowohlt: Reinbek b. Hamburg 2005, S. 860

10/10/2000
Emmanuel Levinas, *Schwierige Freiheit. Versuch über das Judentum*, aus dem Französischen übers. v. Eva Moldenhauer, Jüdischer Verlag im Suhrkamp Verlag: Frankfurt am Main 1992, S. 33

14/01/2000
Warlam Schalamow, *Über Prosa,* Matthes & Seitz: Berlin 2009

20/02/2001
Fjodor Michailowitsch Dostojewski, *Aufzeichnungen aus einem toten Haus*, vollständige Ausgabe, aus dem Russischen übers. v. Ruth Elisabeth Rieth, Deutscher Taschenbuch Verlag: München 1985, S. 275f.

19/03/2001
Laurent Mauvignier, *Fern von euch*, Eichborn: Frankfurt am Main 2001, S. 52

12/08/2002
Aristoteles, *Die Poetik*. Zweisprachige Ausgabe Griechisch / Deutsch, übers. und hrsg. v. Manfred Fuhrmann, Reclam, Stuttgart 1982, S. 43

20/12/2002

Milan Kundera, *Der Scherz*, Hanser: München / Wien 1987, S. 13

30/03/2003
Gilles Deleuze [Quelle konnte nicht ermittelt werden]

27/04/2003
Catherine Chalier, *Traité des larmes. Fragilité de Dieu, fragilité de l'âme*, Albin Michel (Reihe »Spiritualités«): Paris 2003, S. 203. Nicht ins Deutsche übersetzt

01/11/2003
Henri Michaux, *Die Zukunft der Dichtung*, in: ders., *Exorzismen*, a.a.O., S. 261

06/11/2003
William Shakespeare, *Wintermärchen*, in: ders., *Dramatische Werke*, Bd. 7, a.a.O. S. 165f.

07/11/2003
William Faulkner, *Licht im August*, übers. v. Helmut Frielinghaus u. Susanne Höbel (Neuübers.), Rowohlt: Reinbek b. Hamburg 2008, S. 208

16/01/2004
Gaston Bachelard, *L'eau et les rêves,* Librairie José Corti: Paris 1942, S. 251, S. 262. Übersetzungsvorhaben des Suhrkamp Verlags kam nicht zustande

18/09/2004
William Shakespeare, *Wie es euch gefällt*, Akt IV, Szene 1, übers. v. August Wilhelm von Schlegel, in: *Shakespeares Dramatische Werke,* Bd. 5, a.a.O., S. 306

21/01/2004
André Green, *Geheime Verrücktheit. Grenzfälle der psychoanalytischen Praxis*, übers. v. Eike Wolff, Psychosozial-Verlag: Gießen 2000, S. 296

08/02/2005
Søren Kierkegaard, *Die Krankheit zum Tode*, übers. v. Gisela Perlet, Reclam: Stuttgart 1997, S. 44

Besonderen Dank an Tatjana Mrowka, aber auch an Lucca Müller und Dieter Hornig für die Hilfe bei der Suche nach den Zitatnachweisen, sowie an Cécile Tollu-Polonowski und Pierre Gras für ihre Hinweise zum französischen Text.

FILMOGRAFIE JEAN-PIERRE UND LUC DARDENNE

Buch, Regie, Produktion

1978: LE CHANT DU ROSSIGNOL (»Der Gesang der Nachtigall«, Dokumentarfilm)
1979: LORSQUE LE BATEAU DE LÉON M. DESCENDIT LA MEUSE POUR LA PREMIÈRE FOIS (»Als das Schiff von Léon M. das erste Mal die Maas herunterfuhr«, Dokumentarfilm)
1980: POUR QUE LA GUERRE S'ACHÈVE, LES MURS DEVAIENT S'ÉCROULER (»Damit der Krieg aufhört, mussten die Mauern einstürzen«, Dokumentarfilm)
1981: R... NE RÉPOND PLUS (»R... antwortet nicht mehr«, Dokumentarfilm)
1982: LEÇONS D'UNE UNIVERSITÉ VOLANTE (»Lektionen einer fliegenden Universität«, Dokumentarfilm)
1983: REGARDE JONATHAN. JEAN LOUVET, SON ŒUVRE. SON ŒUVRE, JEAN LOUVET (»Sieh dir Jonathan an. Jean Louvet, sein Werk. Sein Werk, Jean Louvet«, Dokumentarfilm)
1983: NOUS ÉTIONS TOUS DES NOMS D'ARBRES (»Wir trugen alle die Namen von Bäumen«, Regieassistenten bei Armand Gatti)
1986: FALSCH (nach dem gleichnamigen Theaterstück von René Kalisky, Produktion RTBF)
1988: IL COURT, IL COURT, LE MONDE (»Sie läuft und läuft, die Welt«, Kurzfilm)
1992: ICH DENKE AN EUCH (JE PENSE À VOUS)
1996: DAS VERSPRECHEN (LA PROMESSE)
1999: ROSETTA

2002: DER SOHN (LE FILS)
2005: DAS KIND (L'ENFANT)
2008: LORNAS SCHWEIGEN (LE SILENCE DE LORNA)
2011: DER JUNGE MIT DEM FAHRRAD (LE GAMIN AU VÉLO)
2014: ZWEI TAGE, EINE NACHT (DEUX JOURS, UNE NUIT)
2016: DAS UNBEKANNTE MÄDCHEN (LA FILLE INCONNUE)
2019: YOUNG AHMED (LE JEUNE AHMED)
2022: TORI UND LOKITA (TORI ET LOKITA)

Koproduktionen (Auswahl)

2005: DIE AXT (Costa-Gavras)
2012: ANGELS' SHARE – EIN SCHLUCK FÜR DIE ENGEL (Ken Loach)
2012: DER GESCHMACK VON ROST UND KNOCHEN (Jacques Audiard)
2012: JENSEITS DER HÜGEL (Cristian Mungiu)
2015: TAGEBUCH EINER KAMMERZOFE (Benoît Jacquot)
2016: HEDIS HOCHZEIT (Mohamed Ben Attia)
2016: ICH, DANIEL BLAKE (Ken Loach)
2018: THE SISTERS BROTHERS (Jacques Audiard)
2019: SORRY WE MISSED YOU (Ken Loach)
2022: DIE LINIE (Ursula Meier)

Sowie weitere Filme von Patricia Mazuy, Eugène Green, Benoît Jacquot, Pierre Schoeller und Cristian Mungiu. Zahlreiche belgische Dokumentarfilmprojekte.

ÜBER DIE BRÜDER DARDENNE (AUSWAHL)

2009: JEAN-PIERRE ET LUC DARDENNE. DEVENIR UN ÊTRE HUMAIN (»Jean-Pierre und Luc Dardenne. Ein Mensch werden«, Jan Blondeel)
2009: Revolver live! Jean-Pierre und Luc Dardenne, Revolver Heft 23, www.revolver-film.com/hefte/heft-23-dardenne/
2014: Deutschlandfunk Kultur: »Wir wollen Menschen zeigen, die realistisch sind« www.deutschlandfunkkultur.de/gebrueder-dardenne-wir-wollen-menschen-zeigen-die-100.html
2016: Revolver live! Die Methode Dardenne, www.revolver-film.com/methode-dardenne-interview/ Videomitschnitt: www.youtube.com/watch?v=vo41JdN9U7U [letzter Zugriff 10.03.2023]